CB057129

PRETO ZEZÉ

DAS QUADRAS PARA O MUNDO

1ª edição, Fortaleza, 2019

CeNE
EDITORA

Copyright@2019 CeNE
Texto: Preto Zezé

Edição
Edmilson Alves Júnior
Igor Alves
Irenice Martins

Preparação de originais e Coordenação geral
Jordana Carneiro

Jornalista convidada
Heliana Querino

Revisão
Cidia Menezes, Joelci Morais e Kamile Girão

Capa
Diego Barros

Fotografia de capa
Rafael Morais

Fotografia de orelha
Fernanda Saiury

Fotografias internas
Arquivo pessoal do autor

Projeto gráfico e diagramação
Diego Barros

Edição Conforme o Novo Acordo Ortográfico da Língua Portuguesa
Dados Internacionais de Catalogação na Publicação (CIP)

Lima, Francisco José Pereira de
Das Quadras para o mundo. / Francisco José Pereira de Lima - Fortaleza: CeNE Editora, 2019.
192p.; il. Color.
ISBN 978-85-68941-18-8
    1. Biografia. 2. Autobiografia.
    I. Título.
CDD 920

Ficha catalográfica elaborada pela Bibliotecária Rafaela Pereira de Carvalho CRB-1506

CeNE EDITORA
Av. Santos Dumont, 1343 - Loja 4 - Centro
Fortaleza - CE - CEP 60.150.161
www.editoracene.com.br / (85) 2181.6610

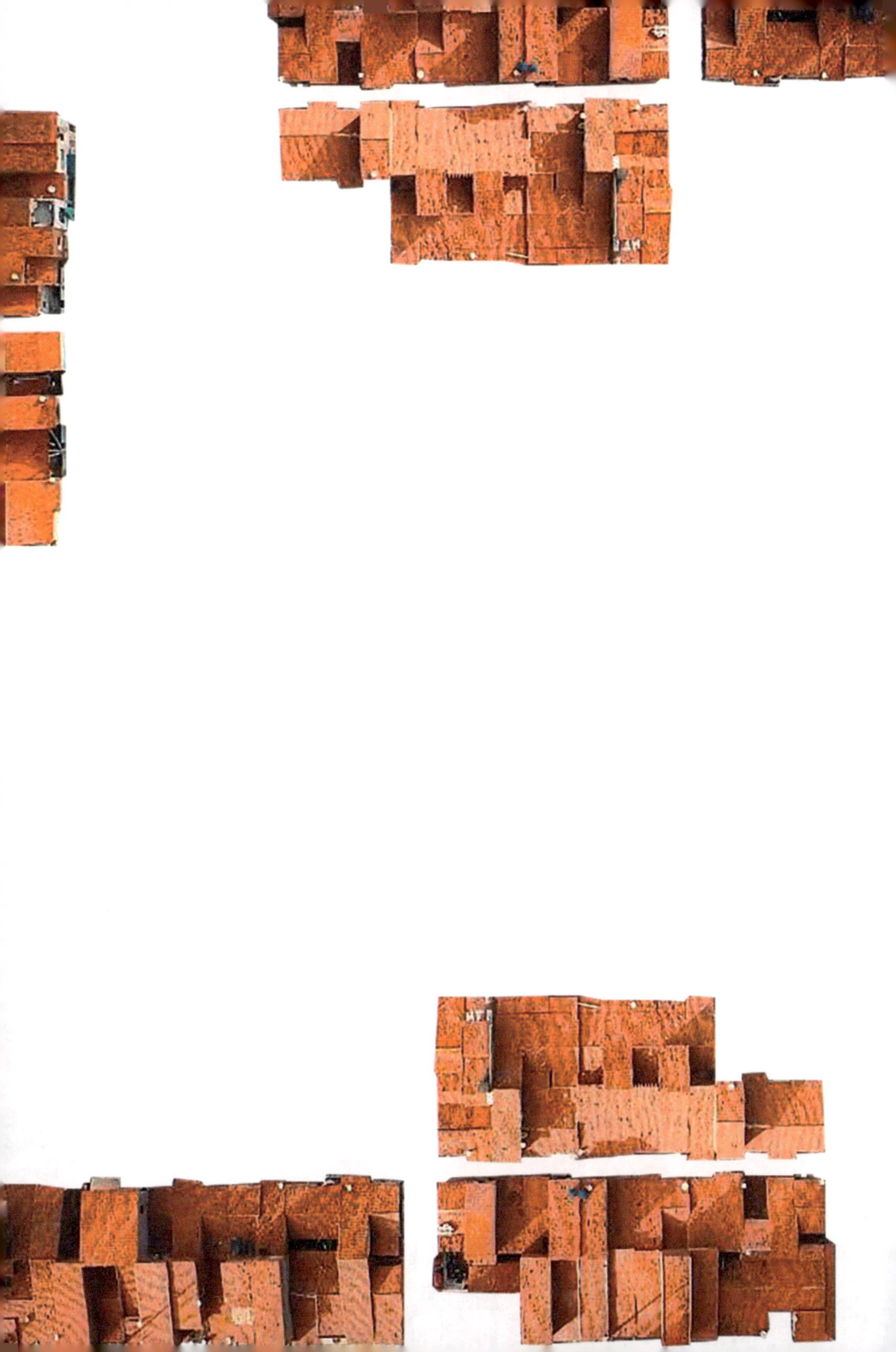

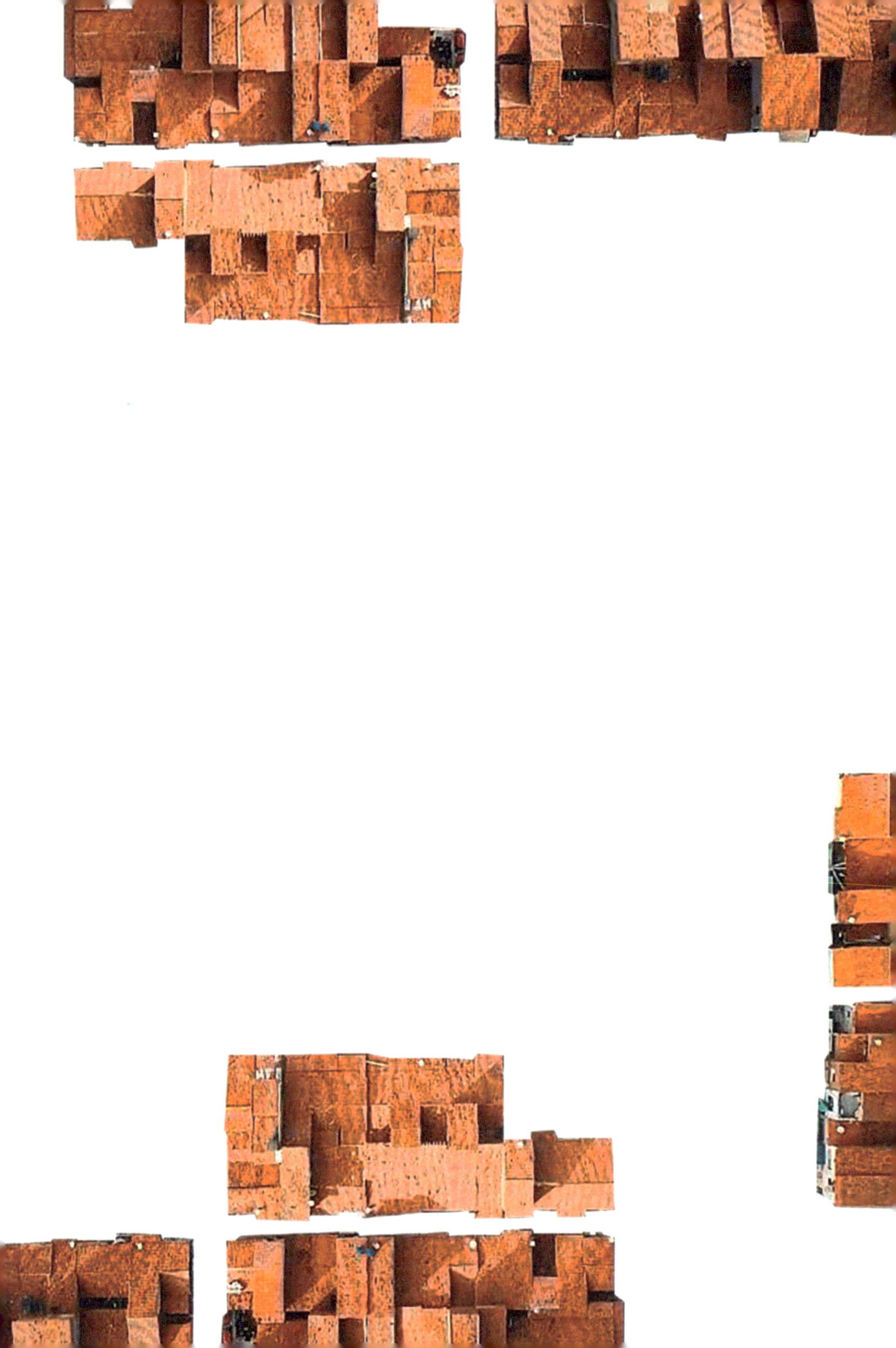

Este livro é dedicado aos homens e mulheres invisíveis que sobrevivem dia a dia na selva de pedra de Fortaleza.

À minha mãe, Dona Fátima, pela perseverança e por nunca desistir de mim. Te amo, mãe.

À Cynthia Studart, pela lealdade, pela parceria incondicional, pelos ensinamentos, cumplicidade e companheirismo.

Em memória, ao meu pai, Seu Chico Macumbeiro e ao meu filho Jonas.

SUMÁRIO

Prefácio 10

Dona Fátima: nosso ponto de partida 14

Cria da favela, sou filho das Quadras 22

No labirinto das ruas 36

Entre o sonho e a sobrevivência..43

Provações e aprendizados..53

Hip Hop Lado A: O início 77

Hip Hop Lado B: O MCR 88

CUFA: fazendo do nosso jeito..107

Campo do América: primeiro tempo de jogo 118

Campo do América: segundo tempo de jogo.................134

A noite mais linda do mundo...144

Atitude de paz: a pedagogia da rua.................................162

Para além da invisibilidade...170

Manifesto de um ex-invisível 180

Agradecimentos...187

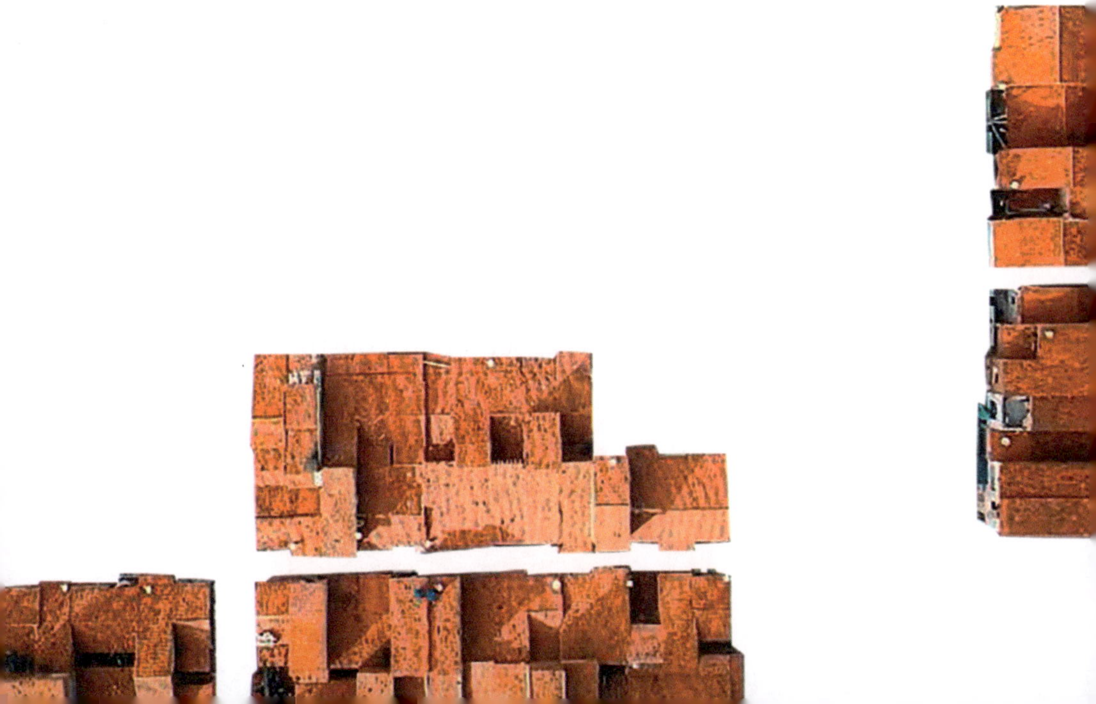

PREFÁCIO

Conheci Preto Zezé nas ruas de Fortaleza, lavando carros, tentando tirar daquela realidade desfavorável alguma vantagem e levar alguns trocados para somar na economia de casa.

Se não me falha a memória, eu ia a uma reunião com empresários e com a afiliada da Rede Globo naquela cidade (TV Verdes Mares) e, por coincidência, cruzei com ele.

No primeiro contato, já senti uma revolta enorme nos discursos de Zezé; era década de 90, período em que o *Hip Hop* tinha como forte o seu discurso. Época em que eu também já sentia a necessidade de algo mais forte que fosse além da palavra; foi quando eu e MV Bill demos os primeiros passos da CUFA.

Num primeiro contato, recrutei, cooptei e apresentei ao Zezé uma realidade e um olhar diferenciado; contei minha história de vida, que também é parecida com a dele, apresentei-lhe o MV Bill, que se preparava para ser um dos maiores ativistas sociais do país. Mas naquela ocasião o que tínhamos era somente um sonho de criar uma instituição de favelas.

Preto Zezé era o meu maior e mais qualificado crítico, mas com o tempo percebeu que tínhamos mais semelhanças do que divergências e partiu para cima para somar nossos pontos em comum. Apesar de um olhar sempre crítico sobre a realidade que nos cerca, Zezé está sempre procurando construir pontes. Com certeza essa é sua maior característica.

Sua primeira participação na CUFA ocorreu em 2003, quando ser CUFA ainda era algo estranho, quando eu e MV Bill decidimos nacionalizar a CUFA.

Apesar de ser uma instituição oriunda do movimento *Hip Hop*, desde o início fiz questão de afirmar que não éramos HIP HOPISTAS (características marcantes em ativistas do *Hip Hop* que não conseguem perceber a diversidade cultural e social e tentam impor sua visão de mundo como se o planeta tivesse de se submeter aos malucos de boné e calça larga), pautei sempre a necessidade de termos ação prática e percebi em Preto Zezé um potencial enorme, apesar das limitações impostas de uma realidade social desigual que fazia parte do seu cotidiano.

A única coisa que eu falei para ele foi: "vou fortalecer você, e você será umas das figuras políticas e sociais mais importantes do país." Hoje ele dialoga com empresários, políticos de todas as matrizes ideológicas, sem deixar a bandeira das favelas de lado; consegue levar como poucos a filosofia da CUFA de ocupar espaços, afirmar nossa agenda e protagonizar nosso sonho de um país melhor a partir da melhora na vida das favelas.

Este livro demonstra sua essência como líder, que sempre fez questão de levar as Quadras (sua origem) onde quer que vá, sua visão empreendedora, sua capacidade de articulação política, como ele soube aproveitar a realidade e transformar dificuldades em oportunidades.

Seu talento para o ativismo entrou tanto em sintonia com a CUFA que, em pouco tempo, transformou a CUFA Ceará em referência. Assumiu a presidência nacional da CUFA poucos anos depois, numa solenidade superprestigiada em Fortaleza, no Theatro José de Alencar. Atualmente preside a CUFA GLOBAL, nossa articulação internacional que liga dezessete países, numa solenidade na sede das Nações Unidas - ONU.

Aqui vocês vão conhecer algumas das muitas realizações coletivas, pilotadas por este líder nato, que saiu de um estacionamento das ruas de Fortaleza para levar a bandeira da favela ao púlpito da ONU.

Atualmente eu me encontro fora da CUFA, com o projeto da FAVELA HOLDING, a primeira do mundo com foco somente em favelas. Bill, que passou a presidência para o Zezé na época, está cuidando de sua carreira musical e do ativismo social em outras áreas.

Deixamos a CUFA com a certeza de dever cumprido, de que Preto Zezé é um dos nossos melhores quadros e nos dá a ideia da grandiosidade da CUFA como essa grande escola de formação de lideranças de alto nível que estão espalhadas pelas favelas do Brasil e no mundo.

Voa alto, Neguim, que nosso bonde não para, e como diz MV Bill: "ocupar vários espaços é nosso plano de paz."

CELSO ATHAYDE
CEO da Favela Holding e Fundador da CUFA BR

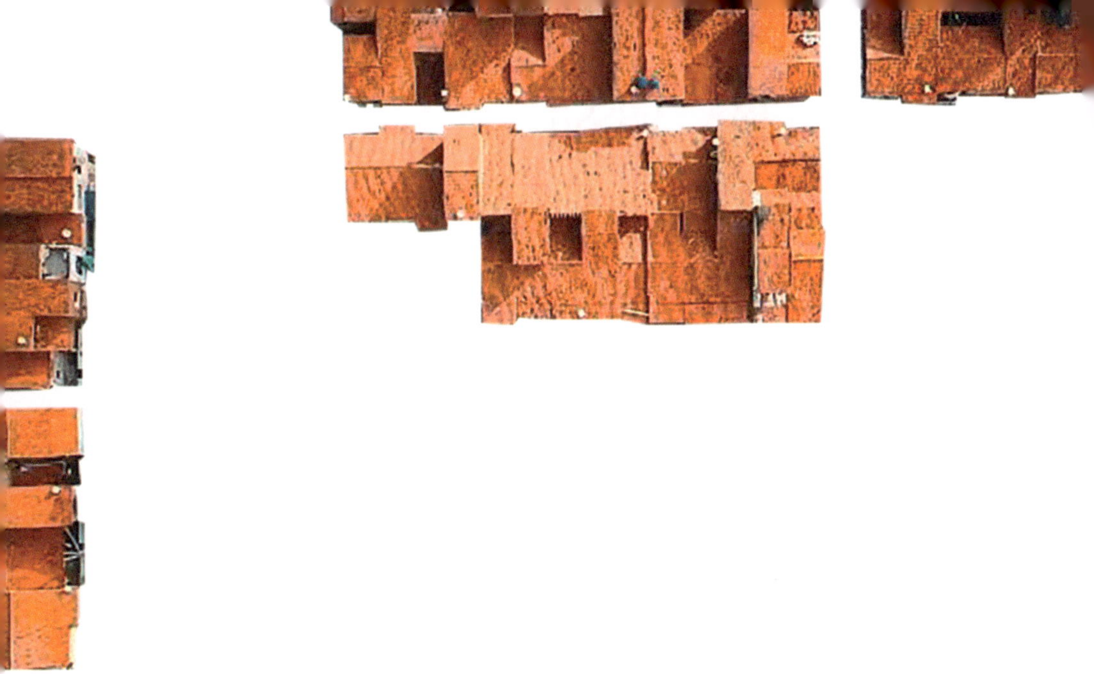

DONA FÁTIMA, NOSSO PONTO DE PARTIDA.

Uma vida não tão pacata na terra do Padim Cícero já não era possível para aquela guerreira imbatível que um dia seria a minha mãe. As históricas secas do Ceará sempre castigaram o povo do interior do estado e foram motivo para muitas famílias migrarem para a capital cearense. Muitos sertanejos tiveram que largar completamente uma situação conhecida, familiar, para viver uma inesperada: morar em um local que nem mesmo era uma favela. Era um terreno, uma ocupação com barracos feitos com pedaços de madeira. Com sorte, as moças podiam morar nas casas de famílias abastadas, onde trabalhavam como domésticas. Dona Fátima conta que mais forte que a seca e a estiagem não foi a falta d'água, mas sim, a violência de alguns parentes que a fez juntar as poucas roupas que tinha e, um dia, jogar por cima da parede do quintal, pular a janela da casa dos avós e nunca mais voltar.

Determinada, antes de vir para a capital minha mãe morou algum tempo na casa de um conhecido, "seu Zé Pretim". Ele ficou sensibilizado com a situação e ajudou a menina a viajar para Fortaleza. O Zé Pretinho, nas minhas lembranças, era um preto escuro, cordão de ouro, relógio grande, sempre elegante no manejo do cigarro, roupas sempre combinantes de cores fortes e de uma simpatia enorme; tinha um traquejo de machão líder, mas com uma delicadeza, voz efeminada e sensibilidade maravilhosa. Ele gostava muito de minha Mãe, e lembro da sua casa, que tinha um salão enorme, colorido, com um altar e vários santos. Era um terreiro, que eu só viria reconhecer mais tarde. O que eu mais gostava na casa do Zé Pretim era de ir comprar cajuína São Geraldo com balde, e até hoje ao tomar, recordo esse pequeno estilhaço de boas memórias.

Dona Fátima nasceu em Brejo Santo, no Cariri. Com seis meses a família dela se mudou para a cidade de Porteiras e, de lá, para Juazeiro do Norte. Ela conviveu com a mãe até os dez anos, mas não podia chamá-la de mãe, todos acreditavam que eram irmãs, e a avó dela fazia o papel de mãe. Uma criança que pouco conviveu com o pai, meu avô, e por isso quase não tem nenhuma recordação dele.

Quando desembarcou em Fortaleza, com seus quatorze anos, sua mãe já morava aqui e trabalhava como doméstica, acredito que minha mãe nem tinha conhecimento desse fato, "nos encontramos uns dois anos depois, por acaso".

Assim que se instalou nos barracos que viriam a ser as Quadras, muito jovem, Dona Fátima foi percebendo que a realidade da capital, para quem é *sem parentes importantes e vinda do interior*, era ainda mais difícil.

Em Fortaleza, ela conheceu seu Chico, um homem nascido em Uruburetama, que tinha um biótipo indígena, do cabelo ao porte físico e semblante. Meu pai também tinha irmão e primos. Seu Chico era do tipo que não conhecia a palavra preguiça, da vida até a morte, ele sempre batalhou; era um cara de poucos modos, simples, duro. Sempre que a gente tinha alguma crise e trazia problemas da rua pra casa, ele dava o mesmo cagaço*. Quando a mãe dele morreu, ele foi trabalhar na rua com onze anos e se virou sozinho. Aquilo funcionava para ele como uma proteção e também como uma arma contra nossa resistência a seguir a vida dura que ele queria para nós. E, lógico, a rua nessa época já nos atraía e nos seduzia.

Com o Seu Chico, minha mãe viveu os altos e baixos de uma família que se forma em meio às dificuldades numa favela e que no lar tem que enfrentar os reflexos e dissabores que essas dificuldades externas acarretam, corroendo os laços afetivos e comprometendo os elos familiares.

Minha mãe na verdade era quem pilotava a divisão de punições e cobrava o cumprimento e o respeito às ordens; quando meu

---

*cagaço - no Ceará, significa bronca; sermão; repreensão.

pai entrava para punir era somente com uma lapada. Nada mais. A não ser quando raramente ele bebia, que ele liberava todas as frustrações e raiva acumulada. Acho que era tipo terapêutico pra ele, mas sei que em casa, sempre que tinha álcool pelo meio, o clima ficava tenso e todos ficavam no sapatinho para evitar algum tipo de desentendimento.

O tempo passou e o jeito ranzinza do seu Chico acabou sendo sua marca mais carinhosa, era até engraçado. Eu desde pequeno tive conflito com ele, e notava uma violência dele em relação a mim, mas com o tempo as desavenças diminuíram e ele passou a ter mais carinho e melhoramos nossa relação, mas isso gerou um afastamento enorme na relação pai e filho.

Acho que eu pagava por algum problema que ele tivera com minha mãe no passado. Sempre senti isso, mas como minha mãe não falava, pois ela também tinha atritos constantes, eu preferia não colocar mais lenha na fogueira.

Meu pai também teve uma relação antes da minha mãe, de onde nasceu meu irmão mais velho, o Carlinhos, carinhosamente chamado de Beto. Ele é uma cópia do meu pai, sempre que o vejo tenho até dificuldades porque me emociono ao vê-lo e lembro sempre do meu pai; o sotaque, o sorriso, o bom humor, o timbre da voz, as mãos calejadas de trabalhador, a altura, o cabelo, caramba, ele é uma imagem idêntica do meu pai jovem.

Depois de encarar os desafios de criar quatro filhos homens, Dona Fátima engravidou da Bia, nossa irmã mais nova, que tomou o lugar do Bogó, até então o caçula da família e até o hoje o mais tranquilo, tímido e silencioso do nosso bonde familiar.

Quando a minha irmã Bia nasceu, minha mãe entrou numa felicidade sem igual, como eu nunca tinha visto. Ela comentou: "até que enfim uma mulher!" Mal sabia ela que a Bia ia dar trabalho valendo por nós três e as tretas então, ligadas no modo infinito; e como elas são parecidas, no gênio e na personalidade, toda semana temos um capítulo da novela no grupo de *WhatsApp* da família.

Mas como sempre e acima de tudo, a nossa mãe vive até hoje para cuidar de nós, às vezes com o sacrifício de sua própria saúde.

Essa habilidade de cuidar, mesmo se sacrificando, ela exercita todo o tempo, principalmente na época da adolescência, quando o Hélio, que sempre foi o mais afoito e ansioso, caiu para rua e depois me levou junto.

O Jorge, meu terceiro irmão, em termo de personalidade, é o oposto do Hélio. Sempre foi um cara mais calado, tímido e quieto. Até mesmo na época das ilicitudes das ruas, era o que "media as consequências"; discreto, um homem de bastidor e muito observador. Fato curioso é que a esposa e o casal de filhos têm as mesmas características: a tranquilidade e moderados nas palavras. Mas não queira ver a fera que tem dentro dele, apesar de ele ser hoje mais hábil com as palavras nas leituras bíblicas que realiza mundo afora, nos ambientes mais improváveis.

Minha mãe não teve tempo para estudar, desafiou a própria realidade, com habilidade e resiliência que faz jus à força das mulheres nordestinas, contrariando os caminhos que pareciam estar determinados.

Se durante o dia ela se desdobrava para cuidar de casa, trabalho e família, à noite, se precisasse, ela nos acompanhava, enquanto nós aprendíamos a ganhar o nosso próprio dinheiro ou quando nos perdemos nos labirintos do mundo da rua.

Ela tem seu jeito de nos explicar as coisas impossíveis, e eu desde pequeno era inquieto e duvidava de tudo, isso me tornou mais íntimo e próximo dela.

Eu lembro que, quando era moleque, meu sonho era comer uma pizza, pois já houve tempo difícil que o que tinha, às vezes, era somente açúcar e farinha para enganar a fome, por isso eu adorava ir ao supermercado para ficar viajando, imaginando o dia em que uma pizza daquela iria parar dentro do nosso carrinho de compras. Essa memória de pizza ficou como um trauma de infância e vocês vão ver que vez ou outra eu volto com esse assunto.

Quando nós íamos ao supermercado, eu ficava mentalmente medindo os quadradinhos de ferro do carro do supermercado pra ver quantos risquinhos as compras iam passar, desejando chegar o dia em que aquele carrinho ia encher. Mas o carrinho nunca enchia, no máximo ia até a metade nos melhores dias.

Eu tinha essa frustração em relação ao supermercado, que só não me impedia de ir porque eu ficava beliscando as coisas escondido da dona Fátima e voltava para casa de bucho cheio e feliz.

Quem despreza o simbolismo de aquisição de bens, vulgarizando essa atitude como mero consumismo, não leva em conta vários fatores que passam longe de um comportamento alienado ou uma questão de ostentação.

Quando, por questões financeiras, pela ausência de dinheiro, você não pode fazer parte do mercado, ou seja, consumir, você não é nada. Vou além, falo do prazer de poder oferecer a sua família algo que na sua infância você nunca teve; do trabalhador, como meu pai, que começou a trabalhar aos onze anos de idade, concretizar o direito de ter acesso à parte das riquezas e produtos que ele produz com seu trabalho.

Com o tempo eu não pensava mais no carro cheio, mas sim como meu pai ficava tão feliz de voltar com as compras para casa, de ver nossa felicidade, do almoço com tudo que tinha direito no final de semana, era o ritual de alforria da miséria ou das dificuldades que cercam os lares brasileiros, injustamente excluídos das oportunidades geradas com toda a riqueza que produzem.

Infelizmente meu pai não viveu para ver algumas conquistas dos filhos, mas seus últimos dias foram marcados por um presente e por momentos que, acredito, ele levou para a vida eterna.

Por cima de trancos e barrancos, à sua maneira, meus pais procuravam nos proteger, mesmo que às vezes essa proteção viesse em forma de punição. Tudo isso é muito louco, porque marca e define nossa relação paterna e materna. Durante a infância e juventude, ficam marcadas por um longo tempo, e nos acompanham a vida toda. Um misto de sentimentos confusos, de amor, ódio e revolta que nos cobram muita força para superar e abster os momentos ruins e as sequelas que ficam. Toda família tem estes conflitos internos, umas mais, outras menos.

Minha mãe foi aliada do meu pai até o último dia de sua vida, e até hoje me emociono quando ela me fala que só redescobriu o amor na relação de ambos nos últimos dias de vida, porque pôde voltar a cuidar dele, se aproximar, a rir com ele, a chorar com ele, ao ouvir os seus delírios e acalmá-lo, ao fazê-lo se sentir melhor e mais preparado para uma partida menos dolorosa.

Era estranho ver aquele homem durão, ranzinza e grosso, como uma criança em seus braços. E era assim mesmo que ela o tratava diante das limitações de saúde que foram consumindo o velho pouco a pouco.

Na partida de meu pai, ela sofreu demais. Sofreu física, mental e afetivamente; nunca tinha visto minha mãe sofrer daquele jeito. Ela sofreu mais e por todos nós. E mesmo depois de um tempo, ela não conseguiu superar totalmente a ausência daquele amor revivido nos últimos dias de meu pai.

Muitas vezes, o amor, na sua forma pura e bruta, manifesta-se quando nos despimos da armadura de vaidade e orgulho que usamos para nos proteger durante a vida e resguardar nossas angústias e inseguranças das durezas do cotidiano.

Ela curtiu meu pai até o fim, tendo a companhia do meu irmão Jorge, esse guerreiro no cuidar, com quem sempre se pode contar. E apesar de todos os estranhamentos que tivemos e ainda vamos ter, porque eu não sou um cara fácil de lidar - e nem ele -, externa um amor enorme, e a partida do meu pai, do ponto de vista afetivo, contraditoriamente tornou nossa família mais próxima, mais forte e mais amorosa.

Dona Fátima, que aprendia nos ensinando e ensinava aprendendo, passou por momentos complicados, afinal, eu, Hélio e Jorge nos metemos em todo tipo de problema que se possa imaginar, porém o mais marcante, que serviu de aprendizado para todos nós, ocorreu com nosso irmão Hélio. Uma verdadeira prova de fogo da qual ela conseguiu sair vencedora e nos mostrar por que, por mais tempo que passe, seremos suas eternas crianças, guiadas por sua sabedoria de vida, seu doutorado em sobrevivência.

TE AMO, MÃE!

21

CRIA DA FAVELA, SOU FILHO DAS QUADRAS

Um dos meus sonhos é fazer um filme sobre a Quadra; apesar do tamanho pequeno, ela tem tantos personagens gigantes e histórias que, acredito eu, iam ajudar a inspirar muita gente.

A sua história está registrada na trajetória de homens e mulheres que deram a melhor parte e o maior tempo de suas vidas para construir dias melhores para os seus.

Minhas memórias sobre sua origem vão até as ruas de terra que sempre alagavam, mas eram também perfeitas para a gente brincar de João-ajuda, carimba, pega-pega, jogar pião, de bila*, soltar raia* e correr livre, e ao final do dia terminar com as canelas e os pés cinzentos.

Toda vez que me lembro disso, eu recordo até o cheiro da terra, que ao final da tarde era aguada para baixar a poeira e propiciar nosso parque de diversão natural.

É impossível falar das Quadras sem passar pela vida de um homem chamado João Roberto de Carvalho, e lógico que lembrar dele não nega de forma alguma toda a contribuição que muitos outros deram.

O João veio parar nas Quadras por um caso de amor e fé; ele me contou que morava com a mãe no bairro Pio XII e frequentava os terreiros de macumba situados nos arredores, aí passava por aqui quase todos os dias e começou a se acostumar; um dia arranjou uma namorada lá no terreiro e ela trabalhava perto das Quadras também. Depois de quase um ano de namoro, resolveram morar

*bila - Bolinha de gude.
*Raia - Pipa.

juntos e a companheira arranjou um dinheiro com a patroa dela, daí compraram um barraco e mudaram pra favela. Naquela época, ninguém chamava "comunidade"; era favela mesmo.

A imagem do João, e em parte sua conduta junto aos mais simples e necessitados, sempre me lembravam da imagem de Jesus Cristo ensinando pela igreja e pela escola, nas reuniões do catecismo e na Primeira Comunhão.

Um cara de barba, branco, com voz serena, amigo de todos. Acho que se criou essa imagem por ele interpretar Jesus na via sacra da comunidade, e eu, pequeno, presenciei esse talento da habilidade do João ator.

Toda vez que o via eu também me lembrava de Padre Zezinho e de suas músicas que conheci pelo programa de rádio que ele apresentava, exercendo com maestria o ofício de radialista; a música *Mini sermão* era hino nesse tempo.

Na vida pessoal, ele teve todos os seus problemas e tristezas que afetam a vida de quem luta e vive a vida real. Muitas vezes se tem uma visão que o ativista social, o líder comunitário não tem sentimento, problemas, dilemas, contradições, medos, frustrações e falhas. Somos humanos, apenas humanos. E como tal, procuramos sempre fazer o bem, e quando este não está ao alcance, tentamos sempre ser pelo menos justos.

João viveu todos esses dilemas, em alguns somos até parecidos, problemas pessoais, perdas de pessoas amadas, coisa que eu só vim saber depois, porque João nunca deixava seus problemas virem à tona por vontade própria, ele sempre se sacrificou e colocou a luta coletiva acima e à frente de tudo.

Sua companheira, Dona Rita, uma mulher de um sentimento de solidariedade impressionante, atuava na área da saúde por ofício e fazia disso sua prática cotidiana, ajudando as pessoas mais necessitadas.

No início da década de 80, a maioria das casas eram de pau, de folha de bananeira, sapé, poucas tinham alguma parede com tijolos. Umas eram enormes e outras pequenas demais.

Algumas davam pra dividir e fazer até quatro casas. Era desordenado, o chão era todo areia, a energia irregular, o velho e conhecido "gato" nem todos os barracos tinham luz, era impossível fincar um poste naquelas condições. Becos e trilhas estreitas que se complicavam na época de inverno. Ruas mesmo, havia somente umas duas.

Naquele cenário de miséria, parecia que a solidariedade tinha mais terreno fértil, pois quem não tinha água e luz era ajudado por quem tinha. Apesar das dificuldades, o ecossistema de uma favela impõe uma lógica que ajuda para que sua espécie sobreviva e procrie; com as Quadras não foi diferente.

Foi nesse chão de terra batida que, no começo dos anos 80, uma pequena comissão formada por freiras, padres e líderes comunitários se reuniram e o João Roberto me contou que o seu Rafael escreveu uma carta para dona Luíza Távora, então primeira dama, pedindo socorro para a situação em que viviam os moradores; essa carta é histórica e foi atendida.

Se hoje ainda rola preconceito, imagina no início dos anos 80? A Favela já sentia o peso do preconceito das famílias abastadas da vizinhança. O João, com seu talento mediador, conseguiu contornar a situação e convencê-los a ajudar a comunidade e somar esforços para urbanizar a favela.

A carta do seu Rafael à primeira dama surtiu efeito positivo tão forte que Dona Luíza Távora mandou o pessoal ir fazer a pesquisa na comunidade, e mesmo não tendo uma personalidade jurídica oficial e constituída, a vida real fez do João nosso líder e nosso dirigente natural e legítimo, o intermediário entre o estado e os moradores da favela. Se não fosse por ele, a Companhia de Habitação do Estado do Ceará (COHAB) não teria conseguido construir as casas da comunidade, porque ninguém acreditava nas boas intenções do governo.

Administrar essa relação tensa entre as expectativas urgentes da comunidade e a lentidão burocrática do estado é uma tarefa árdua e extremamente desgastante, mas João tirava de letra.

Impressionava o preconceito das elites locais e de parte da vizinhança rica diante da possibilidade de sairmos da situação miserável para termos uma moradia digna. As matérias de jornais revelam a difícil tarefa que João deu conta com maestria.

> "Quem não está gostando muito da mudança na favela são alguns dos vizinhos da Rua Beni de Carvalho. É que esta rua será totalmente tomada no trecho entre a Estados Unidos e Vicente Leite, por cem alojamentos que abrigaram cem famílias faveladas. O projeto Proafa prever o remanejamento das cem primeiras famílias para a Rua Beni de Carvalho, segunda seção da Prefeitura de Fortaleza, enquanto as unidades são construídas. Quando as primeiras unidades forem habitadas, mais cem famílias e outras cem unidades serão construídas, e assim, até terminar todo o conjunto denominado Santa Cecília." **(Jornal O POVO 29/10/1981)**

Situação

> "As casas alojarão as 446 famílias distribuídas hoje em terreno limitado ao norte pelo Colégio Santa Cecília, ao sul, pela Rua Beni de Carvalho, a Leste, pela Avenida Estados Unidos, e a Oeste pela Vicente Leite. Cada barraca abriga uma média de 5 pessoas e a população total da favela tem pelo menos 50% de crianças. Essas são as vítimas mais frequentes das doenças peculiares a esse tipo de conglomerado. Para elas, a farmácia da associação distribui o maior número de remédios, logo após uma rápida olhada do paciente pelo Presidente João Roberto." (...) **(Jornal O POVO 29/10/1981)**

As matérias dos jornais revelavam o preconceito e a discriminação dos nossos futuros vizinhos e também a dedicação do João em conduzir essa transição e sempre trazer benefícios para a comunidade.

Passada a conquista da decisão governamental para urbanizar a Quadra, veio a segunda etapa da luta, a mais difícil delas, que era driblar a desconfiança de alguns moradores pelo fato de a primeira dama Luiza Távora visitar a comunidade. Eles achavam que era perigoso, que aquilo era uma maneira de tirar a gente da área, e a desconfiança não era à toa, a favela sofria todo tipo de difamação por parte do povo do asfalto, e até hoje isso não é diferente e isso traumatizou demais o povo das Quadras e gerou naturalmente muita desconfiança para com o estado.

Se um gestor público soubesse quanto seu trabalho fica sem credibilidade e desgastado quando ele não atende coisas simples de um pedido da comunidade, ele atenderia com tapete vermelho as demandas assim que chegassem; o problema é que tem gestor que trabalha para o público e outro tipo de gestor que pensa que o público trabalha para ele. Sem falar que prejudica o trabalho de lideranças que estão na ponta do problema.

João foi arquiteto, desenhou o projeto da quadra, as casas foram elaboradas em três modelos, A, B e C. A casa A era coberta de telha, a casa B era forrada e a casa C era completa em cima e embaixo, e quem tinha condições melhores podia ampliar, subir andares. Eram 446 casas e 446 famílias, as mesmas casas até hoje.

Para conseguir abrigar as famílias e acelerar o processo de urbanização e reconstrução da comunidade, inicialmente foram construídas mais ou menos umas dez casinhas, com dois compartimentos, um em cima e outro embaixo, popularmente conhecidos como alojamentos, onde eram abrigadas duas famílias, que dividiam o mesmo banheiro e a mesma lavanderia.

Enquanto isso, à medida que as casas iam sendo construídas, eram distribuídas para as famílias. Então, a família que morava ao lado da Beni de Carvalho voltava para o mesmo local, não necessariamente para ocupar uma casa no mesmo lugar onde era seu barraco, mas para ocupar uma casa no mesmo local. Se era da rua Vicente Leite, voltava para as casas construídas na Vicente Leite.

As assistentes sociais incentivaram o João a criar uma associação de moradores; o que ele conhecia era conselho comunitário. Então, com ajuda dos moradores e das assistentes sociais, ele formou a Associação dos Moradores do Conjunto Santa Cecília e, a partir daí, os caminhos foram se abrindo.

Em 2000, João cria a primeira versão de associação de moradores. Ele criou cadastro e fez carteiras para dar identidade aos novos associados que agora tinham sua associação, que era a evolução do conselho comunitário que João liderava antes dos barracos se tornarem casa de alvenaria.

Na ocasião, a primeira dama falava do valor financeiro do terreno; no nosso caso, havia alguns bens que, para nós, nem tinha preço e que grana nenhuma podia comprar. Naquela terra estava a história de muitos de nós, nosso chão, nossas raízes, nossas memórias, nossas tristezas, nossos dias de luta, dias glórias e de conquistas.

Com a urbanização, o desafio agora era reverter o estigma; os arredores já eram discriminados, pois tinha muitos territórios de macumba. O preconceito aumentava, ser das Quadras virou negatividade, bastava dizer que morava na favela Santa Cecília. E mesmo com os nomes de santo batizando nosso território, seguia a discriminação, que fez alguns de nós até forjar endereço falso para poder entregar currículos de empregos; eu perdi a conta de quantas vezes fiz isso.

A urbanização trouxe dignidade para o povo das Quadras comparado às outras favelas; temos rua com nome, endereço, saneamento, boa localização, água, luz e, assim, menos dificuldade de ocupação, emprego e renda.

Com o tempo, as famílias de melhor renda começaram a fazer as alterações arquitetônicas, pois conforme a família ia crescendo e as condições melhorando, as pessoas faziam ampliações e melhorias nas casas, e já que não podia mais crescer para os lados como na época das favelas, era hora de subir mais um andar ou construir mais um puxadinho, o que fez a Quadra com ruas mais apertadas e entrar numa verticalização conforme fosse recebendo novos moradores.

Foi com João que dei meus primeiros passos no trabalho social nas Quadras. Ele me inspirou, sua doação me sensibilizou e me motivou a somar forças com ele.

Com a Quadra estabelecida, sempre falava com o João sobre a gente envolver e mobilizar mais gente, pois temos um problema sério em todos os setores da sociedade brasileira, todo mundo reclama, mas poucos se mobilizam, e nas Quadras não é diferente até hoje.

Fico feliz e orgulhoso de ter este professor e sua prática ser a nossa escola como inspiração. Foi dela que gerações como a minha se organizaram e conquistaram muitas coisas para a Quadra, como o calçamento, a creche, a reforma do centro comunitário, a quadra coberta, a reforma do prédio da associação, a nova rádio comunitária, dentre outras.

Conseguimos realizar ações que fizessem as Quadras ocupar espaço nas mídias sem ser somente pelas tragédias, pautar e ser assunto em cadernos como cultura, política, entretenimento e até economia; fomos além das páginas policiais e isso é muito importante.

Quando vejo alguma treta e a discussão de quem fez mais ou menos, eu sempre alerto para que não entrem nessa, porque apesar de todos os problemas, cada um fez sua parte no seu momento, e cada momento tem suas dificuldades, e sem a contribuição de alguns destes operários de um Brasil melhor, com certeza a obra não ficaria pronta. Essas memórias, mais que registro da luta social, são uma homenagem aos homens e mulheres que ajudaram a edificar cada barraco até os tijolos vermelhos da Quadra e a fizeram esse oásis de talentos, dignidade, trabalho e orgulho.

Somos parte de um todo na luta social da favela. Os mais antigos sedimentaram os trilhos para que as gerações vindouras pudessem continuar a caminhada; os mais velhos sujaram os pés na lama para que hoje a gente possa andar nas ruas; eles que construíram o trilho pra gente subir no vagão.

Na luta comunitária, sempre somos desafiados a desempenhar vários papéis que nunca fomos ensinados. João foi o arquiteto, médico, conselheiro, engenheiro, radialista, ator, mediador, religioso, pedreiro, cozinheiro e outros ofícios mais, ele desenrolava qualquer missão.

Falar de João Roberto é falar de toda uma geração de lutadores, que deram seu melhor para que a Quadra seja o que é hoje. Gerações como a do guerreiro Raimundo Baixinho, João Tavares, Seu Salustiano, João Garrincha, Salustiano, Zé Milhomes, Seu Davi, do espetacular Normando, Gojoba, Orlando, Bode, grupo GAC, Zequinha, Chico Cambista, Erisson, Augusto, Kiko, das tantas mulheres guerreiras como Dona Rita, Sandra, Dona Valda, Fia, Edna, Tia Serly, Penha, até as gerações atuais.

A Quadra com seus guerreiros e guerreiras é como uma constelação de estrelas que torna esse céu mais bonito, cada uma com seu brilho e sua beleza. Acho difícil vocês conhecerem um lugar com tanto potencial e com tanta gente fantástica como as Quadras.

Maior honra ser cria da favela, filho das Quadras.

Prefeitura de Fortaleza

INAUGURAÇÃO DO CENTRO DE EDUCAÇÃO INFANTIL SÃO VICENTE DE PAULO

Fortaleza, 20 de setembro de 2016.

Camilo Sobreira de Santana
GOVERNADOR DO ESTADO DO CEARÁ

Roberto Claudio Rodrigues Bezerra
PREFEITO DE FORTALEZA

Jaime Cavalcante de Albuquerque Filho
SECRETÁRIO MUNICIPAL DA EDUCAÇÃO

Jorge Alberto Vieira Studart Gomes
PRESIDENTE DA FUNDAÇÃO BETO STUDART

Ticiana Holanda Rolim Queiroz
SÓCIA DIRETORA DA C. ROLIM ENGENHARIA

Francisco Cristian Silva Sousa
PRESIDENTE DA ASSOCIAÇÃO COMUNITÁRIA SÃO VICENTE DE PAULO

Preto Zezé
PRESIDENTE DA CENTRAL ÚNICA DAS FAVELAS

Prefeitura de Fortaleza

INAUGURAÇÃO DO CENTRO DE EDUCAÇÃO
INFANTIL SÃO VICENTE DE PAULO

domingo, 22 de março de 1981 — PÁGINA 7

Chuva corta ruas

As chuvas que vêm caindo sobre Fortaleza há mais de uma semana já provocaram alguns estragos. Um deles foi na Rua Beni Carvalho (continuação da Padre Valdevino), esquina com Estados Unidos, agora interrompida ao tráfego de veículos.

A Rua Beni Carvalho, apesar de se localizar na Aldeota, o bairro "chique" da cidade, é uma das mais mal cuidadas. E lá que se localiza a favela Santa Cecília, constituindo incômodo para os não favelados, ainda que morando em casarões de muros elevados.

A rua, sem esgotos que permitam o escoamento da água, torna-se um rio caudaloso quando chove muito, e sempre que isso acontece, ocorrem arrombamentos. O calçamento, dessa vez, ficou totalmente danificado, impedindo o tráfego de veículos e trazendo prejuízos para a construtora Protel (Projeto Técnico Empresarial Ltda), que está construindo um prédio de apartamentos logo na esquina com a avenida Estados Unidos.

O arrombamento da rua, em frente à construção, fez escoar por ela toda a água das chuvas, desfazendo parte do trabalho dos pedreiros. A construtora viu-se obrigada, ela própria, a consertar a rua, antes que as chuvas lhe trouxessem mais prejuízos, pois a água já tinha derrubado uma barreira de areia e tijolos levantada pelos pedreiros da Protel.

Uma moradora da rua, Lenira Bezerra Leite, aproveitou a presença da reportagem para reclamar contra a sujeira acumulada pelos moradores da favela. Conta que já fez várias reclamações à Prefeitura, sem resultados.

"Não adianta o caminhão do lixo, pois mal ele acaba de passar, a sujeira já é a mesma. As vezes acontece do caminhão demorar dois dias ou três, aí ninguém aguenta a fedentina. Tive que levantar o muro de minha casa por causa dessa favela", diz dona Lenira.

Lembrada sobre os planos da Proafa de urbanizar a favela S.Cecília, ela mostrou-se descrente: "Já faz tanto tempo que a Proafa avisa que vai fazer isso e não faz, que agora eu já não acredito".

A falta de esgoto para escoar a água obrigou os operários a tentarem o reparo

---

BMC
DEPARTAMENTO DE RECURSOS HUMANOS - DERHU

CAIXAS EXECUTIVOS

O BMC – Banco Mercantil de Crédito S.A., em fase de expansão, está recrutando **CAIXAS EXECUTIVOS** para o preenchimento de vagas em suas Agências, que atendam às seguintes condições:

a) Idade entre 18 anos e 35 anos incompletos;
b) Experiência de no mínimo 06 meses a 01 ano; e
c) Disponibilidade para trabalhar em tempo integral.

EXIGE–SE no ato da inscrição:
a) Certidão de Nascimento;
b) Carteira Profissional;
c) 01 (uma) foto 3x4, recente; e
d) Carta de Recomendação de empregos anteriores.

Os interessados deverão dirigir-se ao DEPARTAMENTO DE RECURSOS HUMANOS – DERHU, na Sobreloja do Edifício C. Rolim, Rua Pedro Borges, no. 30, no período de 20 a 30 de março de 1981, no horário comercial.

MARIO FEITOZA DE CARVALHO FREITAS
Chefe do Depto. Recursos Humanos

GOVERNO DO ESTADO DO CEARÁ

Inauguração da Reforma do Centro Comunitário Dr. José de Magalhães Porto Filho

Fortaleza, 20 de setembro de 2016.

Camilo Sobreira de Santana
GOVERNADOR DO ESTADO DO CEARÁ

Roberto Cláudio Bezerra Rodrigues
PREFEITO DE FORTALEZA

Josbertini Virgínio Clementino
SECRETÁRIO DO TRABALHO E DESENVOLVIMENTO SOCIAL

Jorge Alberto Vieira Studart Gomes
PRESIDENTE DA FUNDAÇÃO BETO STUDART

Ticiana Holanda Rolim Queiroz
SÓCIA DIRETORA DA C. ROLIM ENGENHARIA

Francisco Cristian Silva Sousa
PRESIDENTE DA ASSOCIAÇÃO COMUNITÁRIA SÃO VICENTE DE PAULO

Preto Zezé
PRESIDENTE DA CENTRAL ÚNICA DAS FAVELAS

Saneamento vai mudar a favela da Quadra

Uma favela mudará na Aldeota

Existindo e resistindo há 25 anos, a Favela da Quadra, situada nas proximidades do Colégio Santa Cecília, vai mudar de feição. A Proafa iniciará no próximo mês a construção das primeiras cem casas destinadas a substituir os casebres que hoje abrigam 446 famílias em situação precária. Surgirá, depois, o Conjunto Santa Cecília.

No entanto, há moradores que relutam em aceitar as mudanças anunciadas, pois temem que as casas não tenham espaço suficiente para abrigar todo o contingente. A favela tem uma Associação e o seu presidente, João Roberto de Carvalho, está atento aos apelos da comunidade. Ali, três tipos de casas serão construídas pela Proafa (Página 12).

A favela saneada se chamará Santa Cecília

Alojamentos pequenos não acomodam favelados

Jornal dos Bairros — sexta-feira, 2 de julho de 1982 — Sem preconceito/Sem mania de passar

33

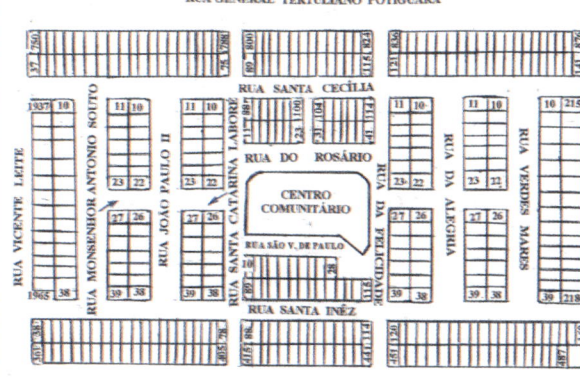

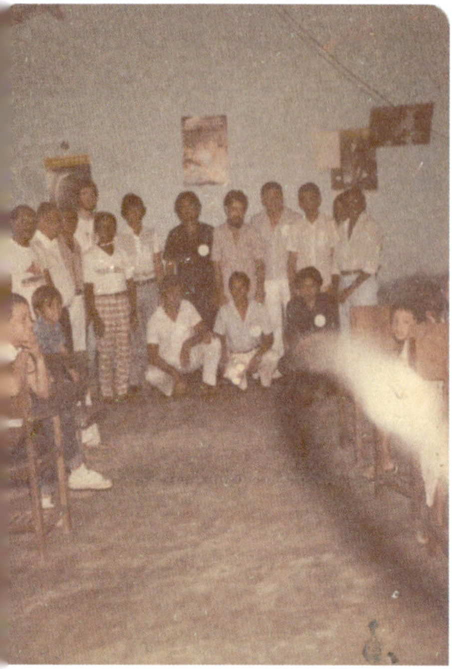

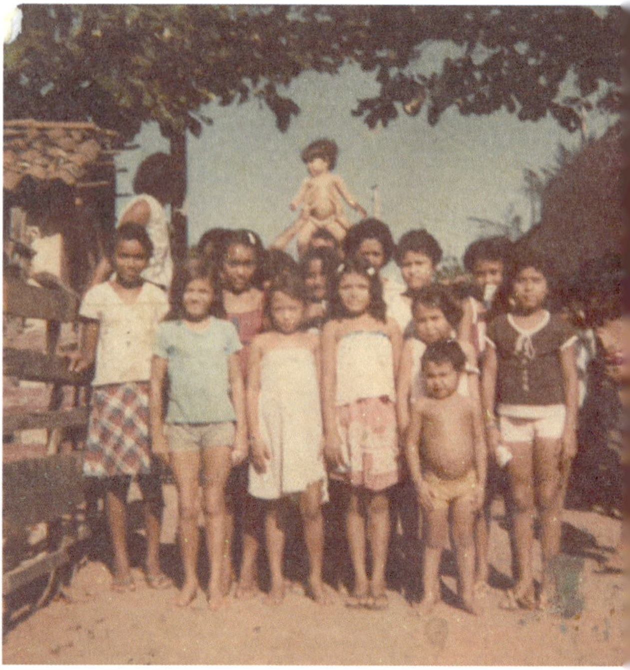

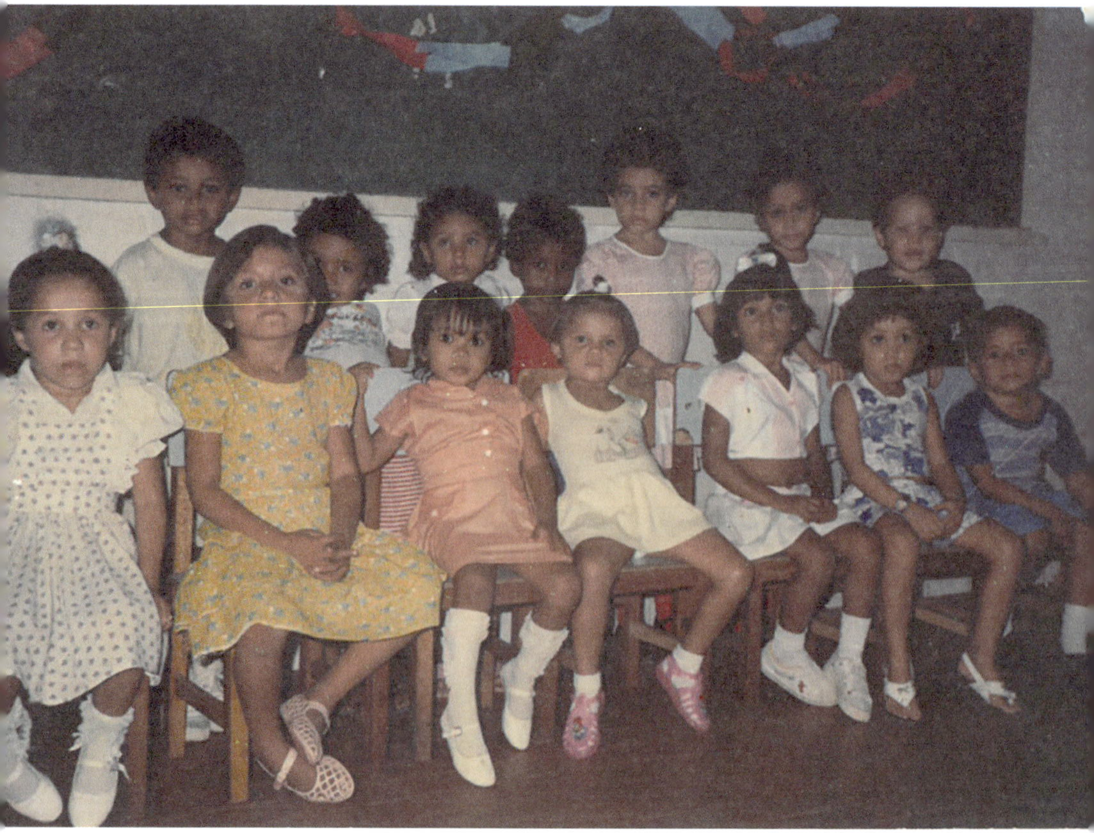

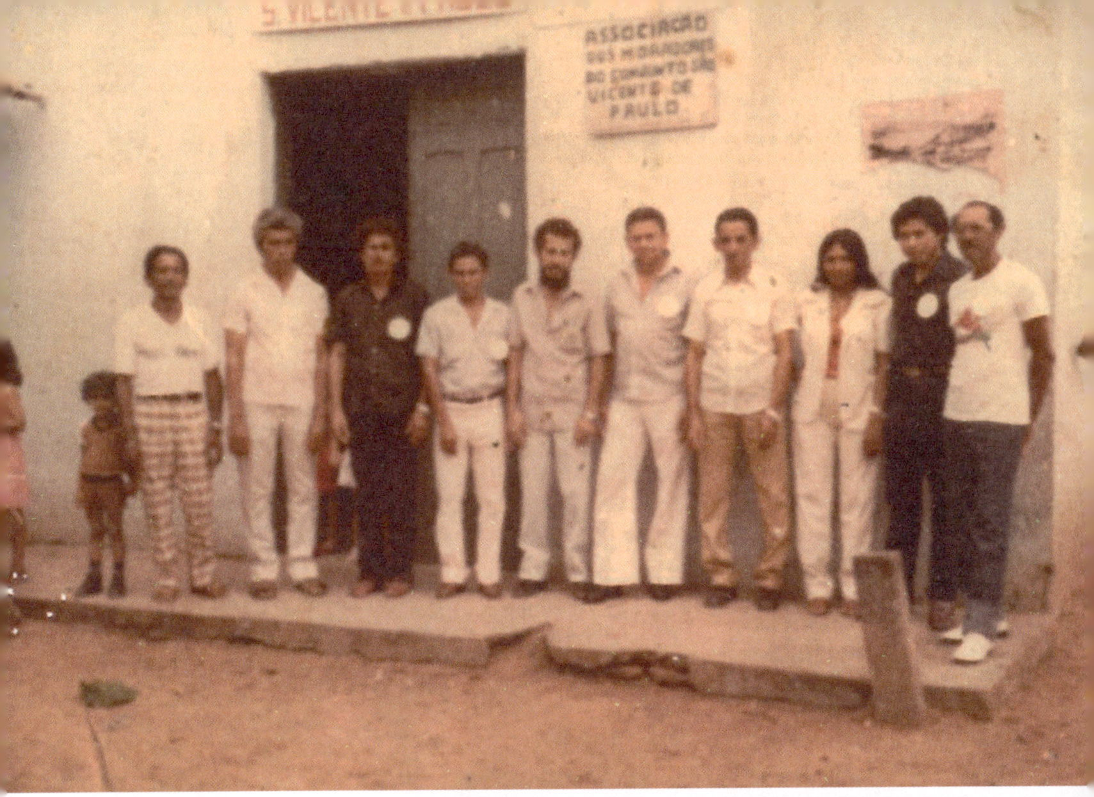
ASSOCIAÇÃO
VICENTE DE
PAULO

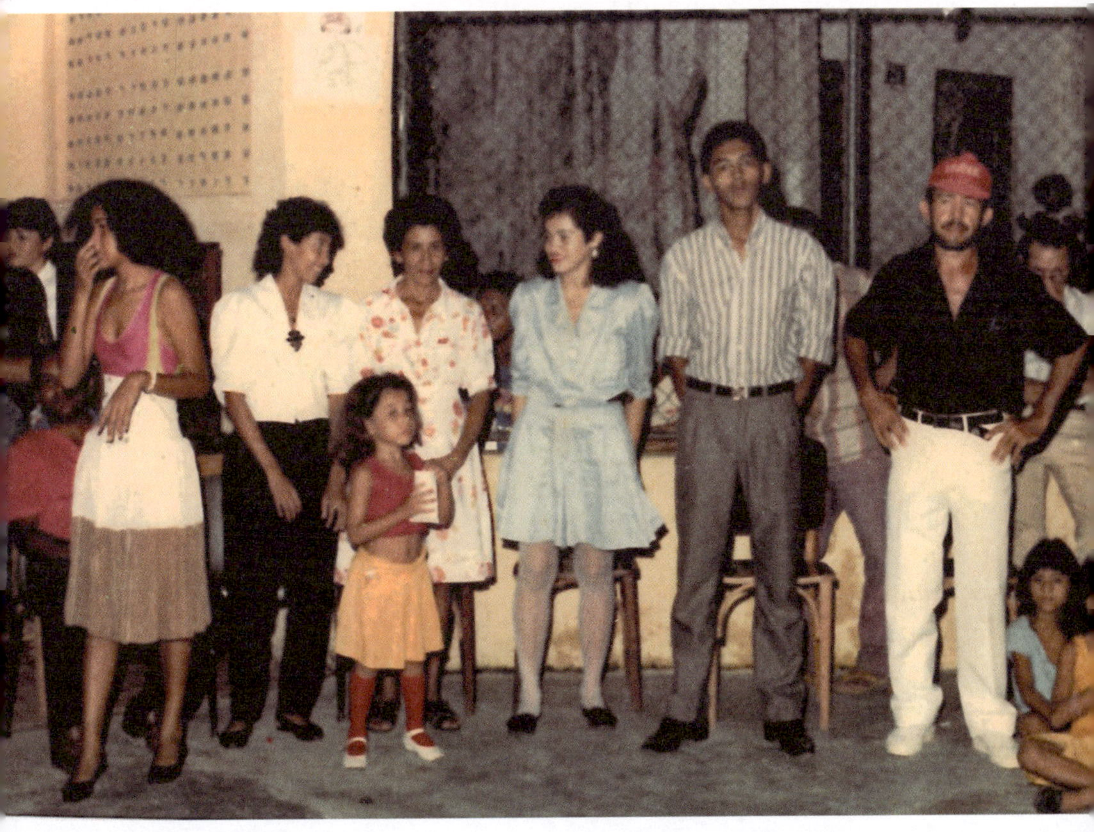

NO LABIRINTO DAS RUAS

Apesar de, precocemente, ser introduzido no mundo da rua, com seus altos e baixos, eu sempre tive um papel tímido ou coadjuvante, sem falar que eu realmente tinha dificuldade de liderar qualquer coisa que fosse; me sentia inferior, fraco, menor, sem capacidade, mas lá no fundo sempre acreditei que ia mudar isso. Só não sabia como.

Desde pivete, eu me rebelava contra a situação vivida, nunca aceitei o destino desvantajoso traçado para mim e romper com a invisibilidade vivida nas favelas era minha meta o tempo todo, mesmo que instintivamente.

Bem que eu tentei me impor através da pichação, da participação nas galeras, da frequência nos *points* mais loucos da época, mas não consegui permanecer por muito tempo, e o que mais me afastou foi quando as tretas dos bailes *funks* vieram para as ruas e se espalharam pelas quebradas, na praia, no terminal.

Comecei a ver irmãos de anos, das antigas, se intrigarem e guerrear entre si simplesmente porque morávamos em territórios diferentes, apesar das condições e dificuldades semelhantes, e aquilo não cabia na minha cabeça de moleque confuso querendo um lugar ao sol.

Os bailes eram locais de encontro e lazer, o melhor, o maior, o mais frequentado, o mais disputado e o mais divertido e, com o passar do tempo o mais arriscado e cheio de adrenalina. Quem já foi lado A ou Lado B quando abria o corredor, tá ligado na parada.

A gente desbravava a cidade de ponta a ponta. Caminhávamos a pé, pela madrugada, do Mênfis Clube de Antônio Bezerra até as Quadras na Aldeota. Era uma aventura e tanto, liderada por César

Touro, nosso líder e um mito para quem viveu a realidade das ruas e dos bailes na década de 90.

Nas Quadras, César Touro era ícone, reconhecido não somente pela coragem e performance guerreira de enfrentar sozinho uma galera, mas também pela sua ética de não aceitar covardia e pela liderança e respeito que tinha nas Quadras e fora dela. Ele liderou e influenciou toda uma geração de jovens, deu sentido de pertencimento e colocou as Quadras no mapa da visibilidade das ruas.

Com o tempo, as disputas viraram um mercado para os donos de bailes. Tentamos mediar; como eu já tinha conseguido uma certa visibilidade na época, cheguei a sugerir outras alternativas aos donos das equipes, mas acho que nem eles acreditavam que a guerra das ruas ia transbordar do espaço do baile para todos os lugares que podíamos imaginar, a ponto de o baile *funk* ser proibido mesmo que inconstitucionalmente.

Como era coisa de pobre e favelado, ninguém defendia. Mesmo sendo do *Hip Hop*, pertencia a uma ala da cultura que não entendia o baile *funk* como um mal a ser destruído, mas como uma energia a ser canalizada.

Esse ponto de vista me rendeu tretas internas no movimento e perseguições das forças de segurança pública fora dele, pois existia uma visão preconceituosa baseada numa moral punitiva e repressora em relação aos bailes. Eu vivi e fui feliz demais no baile, dado o desconto dos riscos que na verdade, nem tínhamos noção.

A guerra das ruas não entrava na minha cabeça de jeito nenhum e me incomodava profundamente, o que foi me afastando pouco a pouco ou me fazendo mais precavido conforme iam se intensificando os conflitos e a chapa na rua ia esquentando.

Infelizmente, as ruas são as ruas, com vida própria, você não tem alternativa; as regras não são suas, você não as inventa, você tem que se adaptar e sobreviver. Ninguém regula as ruas.

O medo nosso nas ruas era zero no início da década de 90. Apesar das letalidades das ruas já ser assunto, a Leste Oeste era um local lembrado sempre negativamente e o Pirambu carregava o *status* de local mais perigoso e temido, porém o que eu mais temia mesmo era cruzar com a viatura veraneio de número 599 da PM. Sua fama se deu porque, na madrugada, ela era personagem sempre presente durante o programa de um apresentador chamado Francisco Taylor, vulgo Mão Branca.

Era um período em que se tinha poucas alternativas de lazer, então tínhamos que inventar as nossas; as ruas de terra favoreciam, era o terreno fértil para as brincadeiras como peixe, João-ajuda, carimba e travinha.

Nós éramos *designers* do caos, equilibristas da vida, malabaristas do perigo sem rede de segurança.

Às vezes, fico pensando nas desvantagens da urbanização, que trouxe o asfalto, o calçamento, mas sumiram os quintais, os jardins, grande parte da fauna, da flora e aquela sensação de liberdade de poder andar descalço. É o preço do progresso chegando com a selva de pedra; as coisas simples, gratuitas iam dia a dia se tornando inacessíveis e, por outro lado, se sofisticando.

Ao vir a urbanidade, abriram-se novos caminhos, um mundo ao redor da Quadra se ergueu, com arranha-céus, vitrines com produtos lindos, que muitas vezes vi refletir meu rosto juvenil entre o encanto da beleza dos produtos, mas que se desfazia no dilema cruel entre a distância que separava o desejo e o preço.

Eu vi crescer ao redor de mim uma selva de concreto e asfalto, e foi difícil conviver com essa mudança brusca. De repente, estava nos becos e vielas da Quadra e, ao sair no asfalto, me deparava com o jogo de risco que a nossa juventude vivia a céu aberto. Ou andar e ver crianças e jovens bem nascidos com seus pais indo à escola, brincando e correndo seguros nos jardins dos seus prédios, enquanto nosso dia a dia era marcado por dificuldades, as mais diversas.

Nesse período, as ruas, ou melhor, os becos da Quadra, ainda guardavam muita inocência e pureza. Bem diferente de hoje, onde a gente vê muita frustração, maldade, covardia, coragem, adrenalina, ansiedade, dúvidas, tristeza e ódio.

Na sociabilidade das ruas, enfrentávamos o medo do desconhecido como uma forma de lazer. A rua nos acolheu, ensinou, nos deu identidade de grupo, de território, uma causa a defender, mesmo que inconscientemente. As esquinas eram os locais mais frequentados, mais que nossas próprias casas e de amigos e parceiros mais próximos, os familiares mais próximos.

Através da violência tentávamos nos afirmar, ser alguém, registrar a marca da galera da Quadra no *hall* da fama das galeras, pois ninguém queria ser invisível, e ser notado era vital para a dinâmica da época.

No início da década de 90, as ruas tinham um certo *glamour*, existiam referências, ícones e formas próprias de incorporar quem queria transitar nos seus espaços.

A pichação era o lance do momento, os bailes *funks* os espaços de lazer e encontro, o estacionamento do Iguatemi e a Praça da Gentilândia os picos de visibilidade mais disputados.

Na galera da pichação havia dois grupos: um mais leve, voltado para o lado do *surf* e sua cultura, e o outro mais pesado, com vínculos direto com o *underground* das ruas e os bailes *funks*. O Hélio, meu irmão, dialogava e participava mais do segundo.

A pichação dialogava também com a cultura do *surf*; assim, havia pontes com parte da juventude de classe média, que já queria posar de radical e *underground* àquela época, ou quem sabe era uma coisa que eu percebia mas não entendia, o fato de eles, mesmo não vivenciando as necessidades sociais da favela, não se sentirem ninguém e a galera da favela se esforçando para ter os bens de consumo para ser alguém.

Nessa época, eu tava sempre junto do Adriano, que depois as ruas batizariam de Ligado. Ele é uma espécie de irmão que as ruas me deram; a mãe dele, Dona Neném, é como se fosse uma segunda mãe.

Eu e ele vivemos muitas loucuras, tretas, barracos, embates, debates e momentos felizes dessa minha caminhada. Ele aderiu ao *Hip Hop* quase na mesma época que eu.

Nossa amizade começou quando ainda éramos pequenos, quando estudávamos no Santa Cecília, num projeto social de uma escolinha para a galera das Quadras. Estamos juntos até hoje, mesmo com os altos e baixos que a vida nos coloca.

O Ligado sempre foi um cara que me inspirou; ele era um dos nomes mais famosos da pichação, ele que foi meu professor nas ruas, nos bailes e nas marquises e na dinâmica louca dos picos mais agitados de Fortaleza.

Ele já tinha um nome e ibope, gostava sempre de andar nos panos*. Como trabalhava na Mar Selvagem, uma loja de classe A das melhores e mais caras marcas de *surf* da época, os panos* massa e atuais eram fáceis pra ele, que sempre andou com as roupas da moda, no estilo; as gatas piravam, os malucos, também.

Tanto na pichação como nas ruas, ele chamava atenção, as meninas piravam e com certeza muita gente da época ainda deve ter a assinatura dele na agenda, sempre foi o sonho de consumo dos brotinhos.

*andar nos panos – andar bem vestido.
*os panos – as roupas.

Ele me apresentou o primeiro escalão da cultura da pichação e também vários irmãos para toda uma vida, como Foca, Fera, Venon, Gracon, Alma, Cruel, dentre tantos outros que também eram ícones da mitologia urbana do xarpi* das ruas de Fortaleza.

O grupo mais da rua e mais fora da lei era o dos bailes, que depois foram chamados de galera e gangues. Devido às tretas que rolavam, eu acabei me afastando e colando com a galera da pichação e frequentando os bailes com uma galera mais de leve. Assim, eu ia curtindo esses dois mundos e definindo o que eu me identificava mais.

Até então, a identidade que eu sempre tive, e vim saber somente anos depois, era ser o filho da dona Fátima e do seu Chico Macumbeiro. Eu não tinha ideia do que esse rótulo me acrescentava e só depois de muitos anos que fui entender por que os crentes um dia invadiram nossa casa, onde rolavam as festas do terreiro improvisado na sala, e quebraram todos os santos do altar, de deixar algumas pessoas até temerem mexer com a gente com receio de que nossos pais "fizessem alguma macumba".

Mesmo com a provação da vida dura, das condições difíceis, minha infância e juventude foram marcadas por muitas vivências prazerosas e também muita sorte, que me fez ser um dos poucos sobreviventes da minha geração, pois a maioria deles estão presos ou mortos.

O mundo já era brutal e desigual, e a nossa inocência até certo modo nos protegia, ao mesmo tempo que nos ensinavam a ser homem mais cedo, e logo bateu à porta a necessidade e as demandas individuais. Era hora de cair no garimpo da selva em busca das oportunidades.

Eu era um aluno de média boa, e esse desempenho me ajudava a manter o máximo de ligação com o ambiente escolar e não ser cooptado pelas loucuras da rua.

*xarpi - pixo

A rua me ganhou por inteiro quando eu decidi dela tirar o meu sustento. Foi nela que concluí os estudos, fiz meus mestrados de resistência, meu doutorado em sobrevivência.

Eu agradeço a todos os professores e diretores, trabalhadores das escolas por onde passei, pelo carinho, paciência e lições dadas. Devo a vocês o que sou, porque o melhor de vocês ficou comigo.

O meu irmão Hélio me apresentou um outro lado da rua onde se tira o sustento, mas onde também se perde a vida, onde as drogas ajudam a segurar a onda durante as madrugadas frias, lado da disputa pelos pontos de pastoramento* de carro, das guerras pelos territórios e os riscos inerentes da profissão perigo de sair para garimpar oportunidades na selva de pedra das ruas de Fortaleza. E nela fui em busca de um sonho e de realizar meus objetivos; e foi no estacionamento que começou minha caminhada rumo à visibilidade saudável.

*pastoramento - cuidar; olhar; vigiar

ENTRE O SONHO E A SOBREVIVÊNCIA

Eu venho de uma geração que tem como padrão de infância e juventude o dilema injusto entre trabalhar e estudar.

Esse dilema se impõe porque milhares de crianças e adolescentes são forçados a incorporar prematuramente uma cultura de responsabilidades, de ter que somar no sustento de casa ou ter o seu próprio dinheiro para alcançar suas buscas ou mesmo realizar algumas de suas ambições e desejos mais simples.

Comigo não foi diferente; a infância padrão nos mostra que as notas azuis dos boletins escolares não têm tanto efeito prático em nossas vidas quanto as notas de dinheiro.

Na minha psicologia traumatizada de menino invisível de favela, sempre vem o filme em que eu ficava a contar os quadradinhos do carro de supermercado para ver se as compras que minha mãe fazia chegavam a passar da quarta linha.

Não era questão de consumo, somente, nem de *status*, mas era questão de realizar um prazer de ter acesso ao que se produzia, pois na minha cabeça confusa e ansiosa, não cabia a equação de testemunhar meu pai e mãe se matarem de trabalhar todo santo dia em longas jornadas de trabalho e não poder usufruir da riqueza que o trabalho deles produzia.

A contradição do mundo em que vivemos, entre a exploração do trabalho coletivo e a acumulação individual do capital e das riquezas geradas em mãos de poucos de maneira tão injusta e desigual, tem como resultados muitos transtornos na vida social de quem vive e vem da favela.

Mesmo que inconscientemente, nossa natureza se rebela contra essa ordem injusta e procura saídas e atalhos para satisfazer nossas buscas e necessidades e se vingar da miséria que assola milhares de lares brasileiros, e quando se é jovem se sente mais essa pressão.

Eu me orgulho demais de ter tido um pai que pintou paredes a vida toda e nos fez ser quem somos; que chorou e sofreu por, às vezes, não conseguir nos dar o melhor, e se sentiu menos homem por isso, por não poder prover o bem-estar da sua família.

Orgulho e honra, ser cuidado e ter como referência uma doméstica, que sobreviveu à saga espinhosa do êxodo rural, da violência e abandono familiar, como foi minha mãe, e mesmo assim deu o seu melhor para nós.

Eu olhava aquele cenário, e na minha mente angustiada, dizia para mim mesmo o tempo todo: eu não tenho, não quero e nem vou passar por isso.

O meu repertório de motivos e traumas era gigantesco, como o pesadelo de ter que improvisar a farinha com açúcar muitas vezes para poder dormir sem o ronco de fome do estômago, ou de torcer para não atrasar a massa e o vale leite do Sarney, pois estes eram o enredo gastronômico e o cardápio comum presentes no cotidiano da minha vida de pivete nas horas difíceis.

A minha vontade única residia na ideia fixa de me vingar daquele quadro degradante de fome e miséria, que aos poucos ia dilacerando a paz familiar, corroendo os laços afetivos, que ia nos expondo às piores situações de humilhações, como esperar as sobras de comida da "casa de família", compostas de muitos pés e pescoço de galinha que minha mãe trazia para somar nas sopas de ossos que compunham o nosso cardápio mais top.

Foi difícil segurar a pressão, o apelo do atalho, as ruas vivas nos seduzindo com seus encantos e atiçando nossa curiosidade em torno do que existia do outro lado da fronteira de asfalto e concreto que separava as Quadras da Aldeota.

Era quase inevitável a gente ser sequestrado pela selva de pedra, pois fomos paridos de uma realidade social apartada e, ao mesmo tempo, a Quadra foi premiada por geograficamente estar entranhada no coração de um dos bairros mais ricos da cidade.

Com a idade mais avançada, eu resistia em sair da escola; até a quarta série, a escola era um encanto para mim; ao chegar na quinta, eu já me sentia homem mesmo com pouca idade.

As ruas tinham um poder e uma mística de oferecer mais atrações, liberdade, vantagens e prazeres que a escola. Não deu outra, comecei a trazer os comportamentos subversivos da rua para dentro da escola e assim, a cada conflito, eu ia migrando para uma escola diferente. Foi uma guerra interna eu conseguir chegar e concluir a oitava série, passei por três escolas e tive que fazer supletivo.

Por incrível que pareça, eu sempre fui um cara tímido, envergonhado, com dificuldade de relação; tinha várias neuroses e enfrentava vários problemas, mas sofria muito em silêncio, me achava fora dos padrões de beleza da maioria dos caras e das donas "massa"* da escola e do bairro. Não me sentia apto para colar com a galera porque não tinha os panos de marca, os tênis da *redley*, as *kenners*, ou seja, eu tava totalmente fora dos critérios para pertencer a qualquer grupo que fosse. E o simbolismo desse mundo era sagrado.

A invisibilidade era o que me restava, e conseguia perceber tudo isso, mas não conseguia reagir, encontrar uma porta de saída para fugir, um espaço para gritar, nem para quem contar eu tinha.

Não precisava alguém me dar nada, bastava me escutar, mas até para falar eu tinha medo e receio, do pavor das pessoas usarem minhas fragilidades para me humilhar e me diminuír ainda mais socialmente.

Às vezes, dentro dos silêncios das nossas almas, nascem muitos demônios que a gente tenta matar para que eles não nos matem por dentro.

*donas massa - garotas legais e bonitas

Essas questões se acumularam e transbordaram, se manifestando através de um comportamento agressivo, que se anestesiava nas drogas e que explodiu e se manifestou dentro da escola, onde eu, literalmente, infernizava a vida dos professores e aprontava de tudo um pouco, numa busca inconsciente de furar o bloqueio da invisibilidade ou simplesmente ser notado.

Na rua, a sensação de liberdade e de dirigir o próprio destino era algo que nos seduzia. Muitas vezes, mesmo com a dureza de varar as madrugadas, enfrentar fome, frio com a cola e a pouca maconha a que tínhamos acesso, compensava por essa sensação de liberdade.

Meu irmão Hélio já pastorava carro. Ele sempre foi o mais afoito dos quatro irmãos homens e me levou para ir com ele no Boliche.

Diferente da galera, eu queria sair de lá em breve. Algo me movia para esse sentido o tempo inteiro, e eu ia aproveitar a chance de estar ali para buscar trilhar outro caminho.

O Hélio arrumou umas vagas e me orientou, basicamente, a não azilar* o ponto de ninguém nem sufocar os clientes, falar somente o necessário e sempre educadamente. Eu segui a orientação ao pé da risca, pois ele me passava segurança e conhecimento de causa do novo posto de trabalho.

A gente tinha uma sede enorme de viver, e aquele mundo novo me apresentava outros mundos de gente branca, com seu filhos rindo, bebendo e comendo à vontade, e eu dizia para mim mesmo: "um dia vou viver igual," os caras riam e me chamavam de louco.

Depois de estabelecido e qualificado, tive a sorte de lavar um Monza verde, 4 portas, modelo Classic automático. Ele era cliente do Hélio, mas como ele não estava e eu era o titular das vagas que ele me arrumou, a vez era minha pelas regras invisíveis do ambiente dos empreendedores de rua.

O cliente do carro era o tal deputado que todos comentavam que sempre dava boas gorjetas e, se gostasse da gente, pagava bem pela

*azilar - fazer algo viciadamente ou obcecadamente

lavagem do carro. E lógico, dependendo do nível etílico dele, podia ainda bater um papo sobre a vida e até sentar conosco e contar piadas.

O deputado era um cara espalhado, enxamista, engraçado, contava piada, ficava sempre na mesa do dono do Boliche, que também era outro deputado, conhecido como Domingão. Tinha um gerente que também estava sempre à mesa, o Sílvio, com quem eu tentava sempre me aproximar para poder negociar algo para nós, não antes de fazer as bases mediando a chegada com o Negão, segurança do Boliche que tinha uma vivência parecida com a nossa e vinha de onde a gente vinha e sabia que eu levava a parada a sério.

Nesse dia que lavei o carro do deputado, ele estranhamente me trouxe pizza. Minha infância não me trouxe boas relações com pizza, mas as regras do negócio não me permitiam recusar e sem expressar minha raiva da porra da pizza, tentei engatar um colar colou, o que eu queria mesmo era a grana pela lavagem do carro e pelo tempo pastorando.

"Deputado, e o pagamento pela lavagem?"

"Hoje eu trouxe pizza, podemos deixar para outro dia?"

"Meu patrão, desenrola pelo menos umas moedas, hoje!"

"Rapaz, mas tu és novo aqui e já chega assim. Cadê o Neguin?"

(Era ele procurando meu irmão, Hélio)

"Neguin deixou o ponto comigo hoje, e eu tô cuidando aqui dos clientes dele."

"Então, se fosse o Neguin já tinha era pego essa pizza e deixado de conversa. Pois ele sabe que quando tenho, eu dou."

"Então, deputado, tá bom. Pois vamos fazer assim: arruma um emprego para mim, que eu tô doido para sair da rua, pois tá osso passar a noite aqui até amanhã de manhã e, no outro dia, ir estudar."

"Arrumo, sim! Vá na Assembleia e me procure lá."

No outro dia, estava eu lá na Assembleia, primeiro andar, Primeira Secretaria.

Recordo que fui treze vezes, e ele não pode me atender, sempre vinha uma secretária loira, bonita, alta, elegante, com uma voz grave aveludada me dizer que um imprevisto ocorreu.

Das duas umas, ou era 171 do deputado ou eu tinha azar de sempre ocorrer algo grave quando ia lá. Até que morri pelo cansaço, fiquei puto da vida e desisti.

Procurando concretizar meu plano de sair da rua, numa manhã pulei da rede cedo e fui tirar meus documentos nos correios da Assembleia. Chegando lá, a primeira cara que eu vejo é a do deputado, com aquele olho claro, com paletó no ombro, aquele jeitão autoritário, bigodão e todo conversador.

Estrategicamente me posicionei na mesma rota, depois que ele passou e atendeu algumas pessoas, deu de cara comigo e me reconheceu.

"Francisco!"

"Diga lá, deputado, não tem jeito, político é tudo igual, promete e engana a gente." Ele riu!

"Rapaz, respeite meu bigode, você já viu homem de bigode mentir?"

"Você tá pronto para trabalhar?"

Como eu não tinha nada a perder e ali podia ser mais um caô do deputado e eu não queria voltar no outro dia, prontamente respondi que sim.

"Então, vamos ali no Recursos Humanos para ver o que tem."

Saí da Assembleia com o emprego de lavador de carros. Eu devia ter uns quinze anos, era outubro; eu lembro bem porque no caminho das Quadras até a Assembleia, tinha crianças espalhadas por tudo que era sinal da cidade, desesperadas por algum presente.

No estacionamento da Assembleia, para meu susto, fui recebido por um policial, mais alto que eu, negro, gordão, com aqueles óculos espelhados, bigode, mal-encarado para caramba, que num primeiro momento foi super grosseiro comigo.

Metia um medo mesmo, mas eu ia ter que conviver com ele nos próximos dez anos seguidos naquele estacionamento. O nome dele era Luciano, foi uma espécie de orientador para mim, pois me deu todos os toques, esporros e as pistas na Assembleia; conhecia tudo e todos, de dentro e de fora da casa. Até hoje eu fico pensando quem é que o Luciano não conhece.

Ainda hoje somos bons amigos, e do estacionamento passei por quase todos os setores da Assembleia, aprendendo vários ofícios, dos serviços gerais à comunicação, do controle de patrimônio material ao estacionamento. Fui assessor parlamentar do João Alfredo, à época deputado estadual do PT. Na Assembleia, pude conhecer pessoas fantásticas, com quem tive que aprender a conviver num mundo até então desconhecido para mim.

Mesmo empregado, fiquei como garantia um tempo no estacionamento do Boliche, até que certo dia o deputado me viu.

Eu gelei na hora, pois em pouco tempo de Assembleia, soube, através da rádio peão, que o deputado, esse piadista, gente boa e animado, era casca grossa nas exigências com servidores, e que era popular e carinhosamente conhecido como Saddam Hussein para alguns. Com semblante de desapontamento e alisando aquele bigodão, ele me chamou na frente de todos e disse:

> "Voce não queria um emprego? Eu arrumei! Agora você escolhe, fica na rua ou no emprego, nos dois não dá."

Juro que voltei pra casa dividido, pois mesmo com todas as suas mazelas e perigos, a rua me trazia liberdade e me distanciava das regras rígidas da infância em casa, das longas jornadas de trabalho sem recompensa criando meus três irmãos, do poder controlar meu tempo, de não ter alguém me dizendo quando sair, quando dormir, quando comer, quando voltar, meus horários, de fazer minhas escolhas.

Às vezes, eu deitava no meio fio na rua só pra viajar e usufruir dessa liberdade que a rua dava, olhando as estrelas, sonhando e imaginando coisas, vendo no céu estrelado cenas dos meus desejos realizados, sonhos de um moleque de favela, de uma casa para dona Fátima, um filho, esposa, uma vida menos sofrida para filhos e parentes.

Por outro lado, o trabalho na Assembleia me abriu muitas portas. Ele me trouxe senso de disciplina, sem falar que, economicamente, era uma grana boa que conseguia concorrer com os benefícios das ruas e me oferecia uma ponte de transição e me apresentava um outro mundo, menos arriscado, cheio de pessoas para me acolher e me apoiar.

No outro dia, esperei o deputado chegar, pedi licença e alguns minutos e fiz a declaração para ele: "Deputado, eu nunca mais volto para trabalhar nas ruas, meu lugar é aqui."

E eu nunca mais voltei no estacionamento do Boliche.

A vida não é feita somente de escolhas. Às vezes, se tem alternativas e temos que escolher prioridades; no meu caso tinha que exercitar a força da renúncia, pois não se pode ter tudo e baseei minha renúncia nas opções que me traziam segurança, que fortaleciam as escolhas que eu podia sustentar. Fiz disso um princípio de vida.

A Assembleia me apresentou pessoas fantásticas e carinhosas, que me acolheram e me ensinaram muito; gente que a memória afetiva não permite que eu esqueça jamais, como os primeiros chefes, Dodô, Suely. Os incansáveis, pacientes e super atenciosos Cláudio, Ronaldo, irmãos para toda uma vida, verdadeiros professores e extensão familiar. O Paulão, que negão maluco, engraçado e gente boa. Ele era meio mala e atrapalhado mas não era do mal, tinha um coração bom.

O Carneiro, que era o veterano lavador de carros do estacionamento dos funcionários antes de mim e me deu uns toques bacanas.

E por último, da geração de pessoas importantes, veio Dr. Lindolfo, cara de uma atenção sem igual, homem de poucas palavras, um quadro qualificado do serviço público, e que me compreendeu, incentivou e sempre torceu muito por mim. Ele sempre disse: "quando você estiver lá no Faustão, lembre da gente e mande um alô."

Chefe, no Faustão eu ainda não cheguei, mas o registro de gratidão pela paciência, cuidado e apoio para com a minha pessoa, faço questão de registrar aqui e aproveito para mandar um abraço para Lise, Ritinha e Josafá. Muito obrigado, de coração.

Quando lembro que da maioria dos amigos que conheci naquela época nas ruas, poucos sobraram para contar a história, uns presos, outros mortos e muitos sumidos, fico pensando no quão importante foi fazer uma escolha por um mundo sem tantos confortos, entre saber transitar em um mundo com regras invisíveis, não escritas, mas intransponíveis, onde quando se desobedece muitas vezes se paga com a vida, e dialogar o dialeto do mundo do asfalto e das regras formais.

Eu me sentia um animal em outro ecossistema, e eu era. E pelo apoio dos amigos, pela minha escolha e o enquadro do deputado, consegui sobreviver, fazer a transição e me adaptar àquele novo habitat; ali aprendi muita coisa sobre a política, sobre a vida e, principalmente, as vivências me somaram saberes capazes de falar diversos dialetos e a possibilidade de que eu fizesse pontes entre esses dois mundos.

O deputado me salvou a vida; ele me deu uma família nova, uma outra identidade, me ofereceu uma oportunidade sem levar em conta a minha cor, meu lugar de origem. Eu nem tenho como retribuir esse apoio que mudou de vez minha vida. Tudo que eu disser não será o bastante.

Esse emprego foi a ponte para eu cruzar de um mundo de risco para um ambiente de oportunidades. Me fez sobreviver às ruas, ter acesso a outros conhecimentos que me fizeram conseguir ser respeitado e ter destaque pelas minhas virtudes e qualidades, e não temido pelo medo e o mal que podia causar a alguém.

Onde eu for, nunca vou esquecer a minha raiz, as Quadras, nem os muitos aprendizados que a rua me deu.

Serei sempre grato e, onde eu for, faço questão de relembrar esse ato de solidariedade que revela que uma atitude isolada pode impactar várias vidas.

Ao Deputado Alexandre Figueiredo, meu Muito Obrigado por tudo.

Você salvou minha vida.

PROVAÇÕES E APRENDIZADOS

As vivências da rua nos trouxeram aprendizados que vamos levar para a vida toda, mas também muitas lembranças dolorosas e experiências que quase nos tiravam a vida, como ocorreu com a maioria dos amigos e conhecidos da nossa época de adolescente.

Uma das mais desafiadoras foi a entrada de nosso irmão Hélio, o segundo mais velho e responsável pela minha iniciação no mundo do trabalho precoce e precário que a rua nos oferece.

Para situar vocês, deixa eu fazer uma rápida exposição do meu olhar à época sobre a reestruturação produtiva do mercado da droga no Brasil invisível.

No início dos anos 2000, ocorreu uma migração na preferência do uso de drogas, bem como as condições econômicas dos consumidores e, consequentemente, a redefinição do mercado e seus produtos de acordo com a oferta e com a procura.

Até então, tínhamos usado de tudo que as condições financeiras e o ambiente entorpecente ofereciam: loló, esmalte, solvente, comprimidos de todos os tipos, cola (muitas vezes para aquecer as noites frias e enganar a fome nas ruas) e a mais famosa, a glamorosa e popular maconha.

A cocaína ainda estava restrita às classes médias e altas, portanto fora do alcance do nosso padrão de consumo.

O crack surge nesta época, ainda restrito às prisões, muito popular em São Paulo, mas já detectada a sua presença em outros estados como Bahia, Manaus, Amapá, como comprovamos durante as gravações do documentário *Falcão - Meninos do Tráfico*, dos meus irmãos Celso Athayde e MV Bill, e que foi lançado em 2016 no horário nobre, no programa *Fantástico* da Rede Globo.

Eu e Manoel Soares, da CUFA Rio Grande do Sul, ficamos responsáveis por pesquisar paralelamente essa difusão do crack e da merla, droga mais consumida em Brasília, mas que também já estava espalhada em cidades como São Luís do Maranhão, e assim ocorreu.

A estratégia de expansão do crack seguiu a lógica de transição, ou seja, para introduzir um novo produto no mercado das drogas, surgiu o mesclado, mistura de maconha com crack, e dificilmente quem usava o mesclado não migraria para o crack, pois o prazer proporcionado causava uma dependência fortíssima, bem como seus efeitos rapidamente passavam, ocasionando a necessidade dos usuários fazerem uso de novas pauladas para poderem alimentar a fissura.

Iniciei a pesquisa, mas confesso que depois de todas as experiências pelas quais passamos na vida e de sobreviver às dinâmicas letais das ruas, e por já estarmos crescidos e experientes em relação às pegadinhas do submundo, jamais imaginaria que um de nós fosse cair novamente nas armadilhas do mundão. E pior, a mais atingida, nesse caso, foi a Dona Fátima.

Nos labirintos das ruas, nunca se sabe o que vai acontecer; as esquinas têm vida própria e as ruas, seus códigos e leis que não estão sob o nosso controle. Ninguém regula as ruas. Resta se adaptar e sobreviver.

E nesse labirinto, nosso irmão Hélio se perdeu, e foi difícil resgatá-lo. Dona Fátima foi a única que conseguiu ter força para ir até o fim, pois a maioria de nós, tanto pelas dificuldades que cada um já tinha na vida, filhos, família e o tempo que ela nos cobrava, como pelas limitações financeiras, ficamos quase impotentes.

E nesse mergulho de cabeça, o *Bad Boy*, como era popularmente conhecido nosso irmão Hélio, foi fundo demais.

Depois do crack ele perdeu tudo, dignidade, ficou na rua, vínculo quase nenhum com a família, emagreceu quarenta quilos, vivia sujo, maltrapilho e perambulando pelas ruas, tentando desesperadamente conseguir qualquer coisa para trocar por dinheiro e botar na lata.

Sua saúde estava debilitada, tuberculose extrema e com dificuldades de cura, apesar do fácil tratamento, mas como os medicamentos são muito fortes e precisam ser administrados de forma contínua, as constantes recaídas o impediam de continuar o tratamento dentro do prazo necessário para se livrar dessa enfermidade ocasionada pelo uso excessivo do crack.

Eu já estava concluindo a pesquisa da CUFA sobre o crack, talvez inconscientemente procurando uma alternativa para salvar meu irmão, e tinha que conviver com essa tragédia dentro de casa.

Andei por ruas, becos, bocadas, cracolândias, condomínios, conversando com usuários/consumidores e com vendedores/comerciantes, tentando entender como que a pedra era colocada no caminho das vidas das pessoas e quais as estratégias que usavam para conviver com ela ou até superá-la e viver sem.

Dos muitos aprendizados, entendi que é em vão uma guerra contra as drogas, como fazem as nossas políticas de segurança pública, e também como alardeiam em causa própria os mercadores do medo que exploram o desespero da população desinformada e frágil ao assédio das saídas fáceis que levam a caminhos difíceis.

Um slogan da campanha do governo dizia "Crack, é possível vencer". Ora, o crack não é um atleta olímpico para ser vencido, e a guerra às drogas tem-se mostrado um desastre e tem matado mais que as próprias drogas, encarcerando milhares, a ponto de fazer do Brasil a terceira maior população carcerária do planeta.

As drogas não têm vida própria, elas não se jogam na boca, no nariz, nem se injetam no corpo de ninguém. Por que, então, usamos?

Fazemos uso dela por muitos motivos, sejam eles afetivos, no caso do crack conheci os mais variados; sejam eles por alguma decepção amorosa, algum conflito mal resolvido; razões psicológicas, para suportar as dores da alma que nos rondam a todo momento em maior ou menor intensidade; razões emocionais para poder equilibrar as fragilidades e incertezas; busca de visibilidade, para provar ser alguém ou se sentir pertencente a algum grupo; de poder, sim a droga dá *status* e logo poder; pelo dinheiro, pois muitas pessoas que conhecemos nem usavam, mas faziam parte da cadeia produtiva da compra e venda de drogas; de reconhecimento e destaque, já que muitos jovens têm como referência o mundo do tráfico; pela fama e o acesso fácil aos bens de consumo, mesmo que isso seja provisório e extremamente arriscado.

Mas deixando de lado a economia bandida e voltando ao *Bad Boy*, vi minha mãe apelar para tudo; tentou a repressão, não deu, então apelou para o lado afetivo emocional, também em vão. A família ia dando algum suporte. Mas quem pegou a barra pesada mesmo foi ela. Eu ia fazendo o que estava ao alcance, mediando os conflitos, evitando o pior que poderia vir, como veio para vários que, ou pagaram com a vida suas dívidas, ou perderam a vida se aventurando em conseguir formas de adquirir novas doses de "gozos mentais", como definia Dayane, uma amiga usuária que estava em situação semelhante a do *Bad Boy*.

O meu irmão Hélio sempre foi um cara que buscou espaço e visibilidade, nunca se acomodou, até exagerou na dose, o que quase lhe custou a vida. A Dona Fátima me solicitava ajuda, mas da sua forma conseguiu dar um jeito de me esconder grande parte das tragédias e dos dissabores de uma mãe que protege o filho mesmo quando ele comete algum erro. No caso, ela conseguiu omitir até onde pôde que o *Bad Boy* tinha levado umas roupas minhas, muitos discos e até minha bicicleta que eu tinha acabado de comprar para tentar uma vida *FITness*, mas como tudo foi para a lata, eu ia continuar *FATness*.

O desfecho trágico era algo real, não pela droga, porque nunca ouvi falar que alguém morreu de usar crack, mas pelo seu entorno e pela dinâmica violenta e problemática em que o uso desta droga e o acesso a ela estavam inseridos.

O dia mais difícil para mim, e acredito que para Dona Fátima também, foi quando ela me ligou desesperada para saber o que eu achava de interná-lo à força. Eu confessei que não acreditava, mas como não tínhamos outra opção, concordei em tentar mais uma vez.

Minha descrença se dava pelo fato de eu ter conhecido tanta gente que queria e tinha condições de frequentar clínicas, mas que não conseguia ficar um mês internado.

Fiz um alerta sobre pessoas conhecidas que queriam fazer o tratamento, fizeram de tudo para ir e, mesmo assim, tinham dificuldades de superar a dependência ou se manter em abstinência.

No caso, se a pessoa fosse convencida a ir, já era um bom começo, mesmo eu acompanhando vários casos de pessoas que se internaram e me passavam impressões preocupantes.

Eu conheci, através da relação com vários usuários, o resultado dos métodos e como cada pessoa reagia de uma forma diferente. Porém, uma coisa era comum: o foco tão somente na substância droga e na culpabilidade dos usuários não deu bons resultados, muitos pareciam estar numa situação de eterna dependência, o que impossibilitava uma posição protagonista rumo à mudança de vida por parte do usuário.

Eu não estou aqui para julgar, mas para compartilhar que todos os métodos têm suas virtudes, suas fragilidades, seus excessos e descuidos, e nosso desafio era encontrar no cardápio de alternativas de combinações que se adaptassem a cada pessoa.

A partir dessa compreensão, passei a acreditar que ao invés de bruscamente retirar as pessoas do convívio e da relação com as drogas como única saída, deveríamos ampliar a rede de cuidados, identificar as dores que a pessoa quer aliviar, as frustrações que ela não consegue enfrentar, as decepções sofridas, as fugas ou simplesmente aceitar o fato de que as drogas causam prazer na busca de sanar várias outras buscas na vida humana.

E diante dessa questão complexa, não se trata mais de ser contra as drogas ou a favor, o fato real é que elas existem, o que temos que decidir enquanto sociedade é de que forma queremos que as pessoas acessem e que cuidados devem ter na relação com elas.

Eu me envolvi muito e a fundo com essa questão; estava até o pescoço com a pesquisa sobre o crack e mais preocupado ainda com a situação atual do *Bad Boy*, muito preocupado com a situação e receoso do desfecho trágico.

Sábado à noite, vindo de uma gravação, resolvi passar nas Quadras. O clima era o mesmo de várias quebradas: esquinas movimentadas, bares cheios, gente indo e vindo, o comércio estava aquecido. Nas bocas, filas de clientes de todo tipo, preto, branco, velho, novo, favelado, classe média, homem, mulher.

Uns já eram bastante populares, uma espécie de cliente fidelidade. Tinham deles que até moravam na Quadra. Na contenção, uns com volumes embaixo da blusa em posições estratégicas.

Ao me aproximar, percebi um grupo diferente em meio a essa grande feira livre do mercadão das drogas, eram os "bandidos do céu", apelido escolhido pela mãe de um dos jovens recuperados pela igreja.

Quando questionada por mim se ela acreditava na recuperação das pessoas, ela me disse: "Preto, nesses aí eu acredito, porque eles são iguais aos outros, sabem como pensam e agem os iguais a eles, então eles têm essa experiência de vida que ajuda muito, mas agora pregam a palavra e sabem conversar com esse pessoal. Têm a experiência de quando eram bandidos, agora eu chamo com carinho de 'bandidos do céu'."

Os bandidos do céu tinham uma característica particular: saíram do crime para evangelizar nas ruas, nos locais mais inimagináveis, como cracolândias, *points* de uso, bruxarias (locais abandonados onde os noias se reúnem), onde as ovelhas mais rejeitadas e desgarradas se refugiavam.

Nenhum daqueles jovens da igreja tinha um passado que pudesse ser ignorado, cada caso era uma história de superação, de perdão, de amor, de compaixão pelo próximo.

Um deles, o Samurai, eu conhecia de muito tempo, da época dos nomes, época de ouro do xarpi em Fortaleza. Eu o conheci ainda no sistema penitenciário, quando fomos fazer umas oficinas. Ele já estava na pedra dentro do presídio, mudou de vida lá dentro, saiu da dependência das drogas, recrutou vários iguais na mesma situação, veio pra rua e montou seu time.

Ele me contou que certo dia na liberta, solicitou autorização do pastor para ir a uma vigília no Lagamar. Pra quem não sabe o que é, ou não é crente, vigílias são reuniões de oração, louvor, pregação e pesquisa bíblica e geralmente duram várias horas, muitas vezes a noite toda. Segundo a Bíblia, é uma maneira diferente, porém mais intensa, de buscar a Deus, invocando sua presença; na madrugada quanto maior o sacrifício mais há de conquistar dons espirituais, curas e o principal, que é a presença de Deus.

Nesse tempo, a chapa tava quente no Lagamar. O pastor e a cidade toda sabiam disso, pois depois de migrar por vários bairros, a fama de lugar mais violento tinha chegado lá.

O Samurai me contou que a reação do pastor foi de susto.

O pastor olhou espantado aquele pedido inusitado e perguntou por que o irmão queria ir "justamente ali no Lagamar".

O pastor insistiu na pergunta e para não confessar o medo, disse que acreditava na Palavra, mas que parte dos irmãos estavam receosos de ir para a vigília porque tinha rolado um tiroteio intenso no local onde o irmão informava que seria, e que não poderia ir com a sagrada igreja.

Samurai, na sua pureza de coração, mesmo assim reafirmou sua vontade de ir à vigília e quem quisesse poderia seguir com ele. Então, solicitou ao pastor autorização. O pastor mais uma vez questionou seus medos e tentou fazer o irmão desistir.

Antes que o pastor terminasse a lista de riscos, o jovem interrompeu:

> "Pastor, quando eu era do mundo, ia e vinha levando e trazendo armas e drogas. Agora será mais fácil, por se tratar de levar a palavra do Senhor."

O pastor desistiu de argumentar, mas esse tipo de debate se deu várias vezes; segundo ele foi o motivo que o levou a sair da igreja, porque não encontrava identidade e foi quando encontrou os "bandidos do céu" e montou a Missão do Libertos.

No caso da Quadra, quem comandava a igreja era o pastor Eduardo, jovem da nossa época, também sobrevivente das ruas, cara tranquilo, simpático, cuidador da família; até hoje ele mora vizinho lá de casa. Nossas mães eram meio "tretadas", mas com o tempo elas fizeram as pazes.

Na noite em que fui à Quadra fazer o monitoramento da situação, o pastor se aproximou de mim e disse: "O *Bad Boy* morreu".

Antes que eu mergulhasse numa dor profunda, o pastor segurou meus ombros com as duas mãos e me apontou para o beco onde a galera costumava se lombrar, e de longe eu avistei o vulto de um homem magro, cabelo cortado e sorridente, com uma camisa maior que ele, vestindo roupas doadas por amigos da igreja e segurando uma bíblia debaixo do braço.

Pastor Eduardo anunciou a boa nova:

> "O *Bad Boy* agora é finado, renasceu o irmão Hélio."

> "Pastor, quase o senhor me mata com essa notícia."

Minhas lágrimas de dor se converteram em alegria e emoção depois do sofrimento que já tínhamos passado, e ver aquela cena dava um conforto sem igual.

Ao me dirigir ao *Bad Boy* para abraçá-lo, ele veio ao meu encontro já disparando o mantra salvador:

> "Jesus tem um plano para minha vida. Ele veio para aliviar os fracos e oprimidos. Ele diz que conhecereis a verdade e a verdade vos libertará. Hoje, eu conheci a verdade."

Ainda abraçados, eu o alertei sobre a importância de ir ao Caps (Centro de Atenção Psicossocial), fazer consulta com psicólogo, pois o crack causa lesão nas paredes cerebrais e outros danos que um profissional pode ajudar, sem falar nos efeitos colaterais causados pela fissura, durante a abstinência do uso da droga.

De novo, ele interrompeu:

> "Jesus é o médico dos médicos. Não preciso de médico nenhum, de remédio nenhum!"

Eu disse em alto e bom som:

> "Para, caralho! Macho, Jesus estava com uma fila de mendigos, ladrões, leprosos, putas, cegos e toda raça de gente rejeitada. O pastor fez uma oração tão forte que resultou numa consulta antecipada que fez você atravessar a fila toda. Você estava no buraco, à beira da morte, na lama, definhando, deixa Jesus atender os outros iguais, porra!"

> "Vai lá e faz tua parte agora!"

O Hélio silenciou, se afastou e não nos falamos. Voltei para o pastor, agradeci por tudo e pedi que me ligasse se acontecesse algo.

No fundo, eu tinha receio de uma recaída (que sempre rola) e de como ele ia reagir, porque em alguns tratamentos são adotados processos de recuperação baseados numa visão em que a culpa do uso é sempre da pessoa.

A autoculpabilidade não abre brecha e nem dá oportunidade de, através de processo de fortalecimento e equilíbrio da autoestima, melhora de condições externas, de uma qualidade de vida melhor através de uma rede de acolhimento, tampouco de a pessoa ser protagonista de mudança na sua própria vida.

No caso de uma recaída, a dor, o desespero e a fissura são tão grandes que o alívio só vem mesmo com a próxima paulada.

Meu medo se confirmou, Dona Fátima ligou e disse que o *Bad Boy* estava de volta pelas ruas botando tudo na lata. Eu estava viajando a trabalho, chegaria dois dias depois. Tentei ligar para o pastor Eduardo, como o telefone dele não atendia, enviei uma mensagem.

Quando aterrissei no aeroporto, liguei para o pastor:

"E o *Bad Boy* pastor?" Perguntei desesperado.

Calmamente, ele responde:

"Preto, o cair é do homem, o levantar é de Deus. O irmão Hélio irá mais tarde participar das aulas de hinos e do estudo bíblico dominical."

Nessa hora várias fichas caíram, porque era época que víamos muitas pessoas, especialistas, governos, a ciência e todos os ambientes procurando uma forma de enfrentar o desafio dos danos sociais do crack, e ali, alguns homens, sem conhecimento técnico algum, mas tendo a vida como sua sala de aula, criaram sua própria rede de cuidado. Criaram sua própria metodologia. Suas ações lembravam e os aproximavam das atitudes da minha mãe, o acolhimento que dá a todos sem discriminação, o modo de fazer a pessoa se sentir querida mesmo não tendo vínculos sanguíneos, o sentimento de ser importante e amado, pertencente a uma coletividade que não nega o indivíduo, mas o incorpora com sua singularidade, soma seus talentos, respeitando suas falhas e fortalecendo suas virtudes.

Minha mãe passou a respeitar e frequentar mais os cultos devido "à bênção que o filho recebeu". E com habilidade ímpar, conseguia equilibrar as vivências espirituais dos terreiros, que era sua origem, e o diálogo com a igreja evangélica.

Ela também conhecia a maioria dos jovens que sobreviveram ao cárcere e às ruas e tentavam ali construir uma nova caminhada, o que a faz até hoje íntima das ruas da Quadra, às vezes íntima até demais, pelo que me contam dos vários casos e broncas em que ela se envolveu.

Nossa família converteu esse martírio em provação e aprendizado, e a igreja passou a ter uma importância fundamental nessa reconstrução dos laços familiares. Falo a igreja, não um prédio, um templo, uma estrutura, falo no sentido afetivo e subjetivo, de afetos e acolhimento, em que muitas vezes a razão não explica a força da fé.

A igreja de que falo aqui não tem nada a ver com a desonestidade de alguns líderes, nem com os gigolôs e mercadores que manipulam e lucram com a fé alheia.

Deus está longe de tudo isso, Jesus sempre foi contra isso quando esteve entre nós, ao lado de desvalidos e descartados da sociedade.

Deus está em você, na sua prática de amor ao próximo, não em templos ou igrejas.

As provações em minha vida surgem o tempo todo, bem como os anjos da guarda também se revelam.

Depois desse processo do meu irmão, eu estive à beira da morte, num processo de infecção de uma bactéria rara e super letal, e descobri no dia em que fui viajar para uma atividade no Rio Grande do Sul, nessa época estávamos eu e Cynthia separados, e fui buscar algum documento que tinha deixado em casa, senti uma dor nas costas, com o barulho a acordei, (ela diz que nem lembra) ela me olhou e disse: "Rapaz, não vá para essa viagem não, vá ao médico cuidar da saúde". Eu deixei e senti como se fosse uma mão no meu pescoço, fiquei assustado e pela manhã fui ao hospital, fiquei na enfermaria, enquanto médicos pra lá e pra cá no corredor do hospital comentavam meu caso, eu não sabia o que era, mas nem imaginava que fosse algo tão grave. De repente, Cynthia aparece chorando, me abraça e diz que só sai dali quando for para me levar para casa com saúde, aí sim eu me assustei, porque ela nunca falou assim e a circunstância conjugal em que estávamos não era para tanto.

O diagnóstico foi pesado: mediastinite, segundo os médicos, de cada duas pessoas que têm, uma morre; para quem não sabe onde fica o mediastino, é essa região onde fica coração e pulmão. A bactéria estava consumindo os órgãos, e eu tinha que ser operado com urgência.

Cynthia imediatamente acionou seu pai, que é médico; ele chegou rápido ao hospital e, em pleno dezembro, ele ligou para um amigo médico especialista em pulmão, Dr. Antero, que estava na BR voltando para Fortaleza e se preparando para ir viajar para as comemorações de final de ano.

Antero foi ao hospital e lá mesmo eles montaram uma equipe, a cirurgia começou às dez da noite e terminou às sete da manhã. Do lado de fora da sala de cirurgia, minha mãe e Cynthia esperavam aflitas pela respostas. Zé Carlos, com seu jeito delicado (quem o conhece sabe do que tô falando) e sincero, indicou para elas que fossem para casa rezar, porque eles fizeram tudo que era possível.

Fui para a sala de recuperação, entubado; na UTI, começou uma longa e dolorosa caminhada de recuperação, em que os detalhes eu conto em outro momento, mas foi um choque de realidade muito grande, pois a gente fica pensando em construir tanta coisa, em fazer tanta coisa e a vida é frágil, simples, como a chama de uma vela que pode apagar a qualquer sopro.

Eu fiquei ao todo, entre UTI e recuperação, trinta e um dias no hospital; no dia em que foram me desentubar, só me recordo de umas cortinas brancas ao redor da minha cama, uma equipe bastante numerosa, que retirou o tubo, me limpou, e eu lembro que agradeci e disse que a partir de agora era comigo, a recuperação.

Nos dias da fisioterapia, eu não consegui andar, e ao dar meus primeiro passos, vi o fisioterapeuta cair no choro, eu segurei o meu e perguntei: "Por que você tá chorando, irmão?" Ele disse que não acreditava que eu estava ali andando, porque no dia que fui desentubado todos temiam o pior, por isso aquele monte de gente e as cortinas brancas, pois ali estava a equipe de ressuscitação e atrás das cortinas, as máquinas, para caso tivesse que executar essa missão. Eu caí no choro, nos abraçamos.

Ainda na UTI, lembro da visita do meu amigo Ivo Gomes; sempre tivemos uma relação boa, de diálogo e debate das diferenças, sabia que ele tava pilhado, mas ele tirou um tempo para ir lá me visitar, achei de uma dignidade, pois até então nossa relação era bacana e tínhamos muita parceria nas ações da CUFA, mas Ivo se mostrou um cara humano e até hoje tem muito meu respeito por ser um cara sensível e amigo nas horas mais impensáveis, e nossa amizade vai além de qualquer diferença de ideias que tenhamos.

Nesse mesmo dia, recebi uma visita inesperada, pastor Cláudio; na época da rua, conhecido como Boega, sua história com a Quadra é de conflito e compaixão, ele esteve durante a vida das ruas envolvido nas guerras, era da galera rival das barreiras, sobreviveu a tudo isso e se tornou pastor. Ele chegou silencioso ao lado da minha cama, me cumprimentou, fechou os olhos, eu pensei que fosse orar, mas não, ele se aproximou do meu ouvido e pediu que eu não me fosse, porque a nossa geração tinha poucos que tinham sobrevivido e ele precisava muito de mim. Choramos juntos, era um choro de alegria, pela amizade, de amor, de afeto e cuidado de quem algum dia se considerou inimigo mortal, mas que a compaixão e o perdão salvaram nossas vidas e preservaram um elo de confiança e carinho muito forte.

Até então, pouca gente sabia que eu era o Preto Zezé e o que eu fazia, depois que tava me recuperando, subi para enfermaria, e aí foi legal o tumulto, recebi gente simples, anônima e famosa, gente das antigas, meu povo da CUFA que tava lá direto, a Linda lá dos trilhos (desastrada, entendedores entenderão), com sua dedicação incondicional, Lidiane, W Man, meus irmãos que se revezavam, a prefeita e secretários, o amigo ministro, agora da saúde, Alexandre Padilha, João Carlos e Fagner e todo o corpo técnico do hospital da Unimed. Muito obrigado por tudo. Na vida, vale mesmo é o que vivemos, as amizades que fazemos e o legado que deixamos, nada mais levaremos quando partirmos, temos que fazer valer a pena a nossa passagem.

Outra provação foi quando a vida me pregou uma peça dolorosa: na noite do dia 29 de agosto de 2015, eu recebi o telefonema do Junior, companheiro da minha ex-esposa, informando que meu filho, Malcom Jonas tinha sido assassinado.

Eu confesso que nessa hora eu morri junto, porque nessa hora você sente a pior dor do mundo, que é perder quem você ama, e mais, em circunstâncias de crueldade, violência e banalidade.

Eu parei o carro na rua, tentei me acalmar, pois tinha conversado com ele na noite anterior sobre várias coisa da vida; a nossa relação sempre foi tensa devido a nossa distância e um embate sobre visões de mundo, ele era um jovem opinioso, de personalidade forte e sem mediação e a nossa pouca convivência, devido eu ter que trabalhar em outras cidades e ter me separado da mãe dele quando ainda era pequeno, gerou um vácuo na nossa relação, apesar do carinho e respeito enorme.

Fui pai muito novo e as condições não eram tão boas na época, e mesmo tentando evitar que o filho seguisse trilhas semelhantes às minhas, não consegui protegê-lo das ruas.

Na adolescência, a gente estava bem mais junto, tínhamos mais diálogos, compartilhávamos sempre que possível as mesmas vivências e também alguns sonhos, mesmo ele tendo sempre pensamento e projetos próprios, apesar da pouca idade, e muita ansiedade e pressa.

O jeito explosivo e autônomo gerou a reaproximação e entendimento, mas também lhe gerou uns conflitos e descaminhos;

alguns eu mediei, outros eu resolvi, mas outros fugiram do controle e o levaram para o caminho de conflito na rua e com a justiça, o que acarretou o cumprir medida no caótico sistema socieducativo, de onde durante uma rebelião generalizada, ele fugiu com outros jovens.

Nessa noite da rebelião, a mãe dele me ligou desesperada, me cabia achá-lo e também comunicar a justiça sobre o ocorrido.

Nessa noite, eu liguei para o Juiz Clístenes, da Vara da Infância e da Adolescência, informando o ocorrido e também pedindo orientação do que fazer.

Dr. Clístenes me informou que é super natural que nesse processo tenha fuga em massa, porque os jovens que não entrarem no fluxo da fuga serão punidos pelos outros, devido à regra do ambiente.

Eu orientei Jonas a retornar no outro dia pela manhã, para irmos ao juiz e ele se entregar para concluir o período da medida que já estava em mais da metade; ele recusou, disse que não ia voltar, porque dentro do sistema tinha muita violência dos educadores e que estava ficando pior, eu disse que ele não podia fugir da responsabilidade e o convenci.

Informei à mãe dele do que tinha acertado com o juiz no outro dia e disse, caso ele mudasse de ideia, que se aparecesse na casa dela, ela me avisasse.

No dia seguinte, eu me preparava para encontrá-lo, aguardando sua ligação, comprei umas roupas e juntei seus documentos, liguei para a mãe, que me omitiu que ele estava lá e que ela o recebeu com o coração de mãe, cuidando, dando comida e afeto, como mãe sempre faz.

Ele pediu para cortar o cabelo e pediu uma grana a ela; nessa saída para cortar o cabelo, uns amigos o convidaram para conversar e lá o executaram com tiros, pauladas e pedradas.

Eu fiquei a imaginar o que teria acontecido para tamanho ódio, apesar de saber que a banalidade e crueldade dessa geração é algo marcante, pois eles reproduzem o que viveram e o próprio fluxo marginal impõe essas regras de comportamento, quanto mais perverso, mais temido e respeitado. Mas até hoje, a resposta não veio.

Lembro que, ao receber a notícia, liguei para o Celso Athayde, pois sabia que aquilo ia repercutir muito e Celso sempre foi um bom conselheiro nas horas difíceis e também porque já tínhamos presenciado tantas situações como esta. Mas jamais a gente imagina que vai acontecer conosco. Mas acontece. Estamos todos sujeitos a isso.

Falei pro Celso também, porque pela visibilidade na CUFA, a coisa ia repercutir e foi o que ocorreu; muitas opiniões divididas, linchamentos na internet, e quanto mais a coisa se espalhava, mais repercussão vinha, confesso que o que me surpreendeu não foi o ódio, com esse eu já estou familiarizado, pois convivemos todo o dia com ele, mas a corrente de solidariedade e acolhimento de muita gente se opondo àquela onda sanguinária que comemorava a morte do meu filho.

Outra onda perigosa foi a onda vingativa, pois devido às relações que temos e o trabalho que desempenhamos em todos os setores da sociedade, o ocorrido também despertou sentimento de vingança e ódio contra os jovens que praticaram o crime, o que me empurrou para um ambiente que foi umas das maiores provações da minha vida, que era num momento de dor, revolta e indignação pela forma covarde que tiraram a vida do meu filho, encontrar dentro de mim os melhores sentimentos para evitar que o ódio despertado nas pessoas que gostavam de mim não alimentasse aquele ciclo de ódio, sangue e morte. O que restava era torcer para que os jovens fossem presos o mais rápido possível, pois mesmo que estes jovens tivessem me causado uma dor insuportável, eu não conseguia conceber vingança como sinônimo de justiça, e assim foi.

Os jovens foram presos e julgados; eu demorei um pouco para assimilar tudo isso e confesso que até hoje, para mim, é muito difícil e esta é a primeira vez que me dispus a falar sobre isso de forma mais detalhada, pois esta foi a maior provação da minha vida.

Por outro lado, tanto o afeto desprendido pela corrente de solidariedade como a onda de ódio que me atacava e comemorava a morte do meu filho me tornaram mais maduro, me mostraram que nós temos sempre que fazer o bem, mas nossa bondade em momento algum pode ser menor que a maldade do mundo.

Infelizmente, mesmo que você faça algo importante para os semelhantes, outros semelhantes estarão prontos para te acusar, te julgar e condenar mesmo que não lhe conheçam, como numa espécie de autoconspiração, parece uma pré-disposição para a maldade humana.

E isso mudou minha visão sobre minha própria gente, sobre pessoas próximas e sobre eu mesmo, que me afastei de relações tóxicas e me dei ao luxo de experimentar conhecer pessoas novas, novos ambientes e relações outras para além do que eu enxergava como ambiente nosso.

Passei a acreditar nas energias que nos cercam, a compreender melhor o ser humano, suas escolhas e atitudes, sem julgar se são boas ou ruins, mas de selecionar melhor com quem quero conviver.

Entendo melhor o ódio que a condição de visibilidade e o fato de ter furado o bloqueio da miséria causam, principalmente nos mais próximos; as pessoas não estão acostumadas a ver uma pessoa da favela fora do lugar, destinada para ela no pântano da exclusão social, pior ainda se você tem como causa enfrentar esse mesmo processo de exclusão.

As pessoas que muitas vezes fazem juízo de valor da gente, que é ativista de favela e ocupa a cena pública, não sabem os dilemas e complexidades que vivemos, não sabem que somos falhos, que fracassamos, que erramos, que temos medos e frustrações como todos, mas que somos cobrados e bombardeados na maioria das vezes por pessoas semelhantes a nós; a visibilidade e o sucesso que você conquista muitas vezes nem lhe trazem grana, mas trazem recalque, ódio, despeita e toda a sorte de cobranças e expectativas que as pessoas colocam em você.

E olhe que já vi de tudo, as pessoas falam da sua roupa, do carro que você tem, do lugar que você frequenta; é como diz o *rap*, tá todo mundo de olho em você, uns porque querem estar no seu lugar, outros porque querem o que você conquistou, de olho no dinheiro que você ganha. Uns chegam ao absurdo de achar que você tem que dar quando ninguém lhe deu nada. Tem sentimento de todo tipo, nas favelas eu tinha uma visão romântica, mas elas não são oásis de ética e corações puros não, tem de tudo, e as pessoas vão te amar e odiar pelos mesmos motivos, uns simplesmente pelo incômodo de te ver num lugar que a pessoa julga não ser o seu, "Onde já se viu, preto de iPhone, carro bom, viajando para os Estados Unidos, deve tá roubando" isso era o mais leve, mas tem também um comportamento interessante, de pessoas que sempre lhe ignoravam, lhe desprezavam, agora são as mesmas que comentam que você não fala com elas. Na verdade, elas se incomodam com o seu êxito, porque quando você estava na invisibilidade, nunca lembraram nem de te dar um bom dia. A mais injusta das cobranças é aquela que julga de fora sua situação, se alguém da sua família passar alguma necessidade, a culpa também é sua, porque como pode você viver bem e alguém da sua família viver mal? Mal sabem como é difícil viver na corda bamba entre o sonho e a sobrevivência.

Na favela, já encontrei vários exemplos, na maioria das vezes os que vencem são arrimos de família e sobre eles caem todas as responsabilidades. E se você tem uma família que tem dificuldades, saiba que se você conseguiu superar as suas, as dos outros parentes vão cair na sua conta você querendo ou não, em maior ou menor intensidade, e isso exige um esforço enorme para equilibrar as relações, família é isso, a sintonia de afetos, uma junção de conflitos e a busca permanente da proteção mútua e da estabilidade coletiva.

Eu hoje sou mais realista e menos empolgado, também menos ingênuo apesar de romântico em relação ao meu povo. Sou discípulo de um realismo otimista na ação, apesar de ser pessimista na análise. Eu vou sempre acreditar que temos coisas boas e novas para fazer.

A morte do meu filho me jogou num mar de descrença fortíssimo, eu podia me jogar, sumir, parar tudo e cuidar da minha vida pessoal e deixar todo o resto para lá, e olhe que tinha decidido isso mesmo, Celso que me convenceu do contrário.

Veio até o Ceará anunciar que preparou uma semana da CUFA em NY, onde realizaríamos uma série de eventos nas favelas americanas e com empresas e organizações como *Facebook*, Fundação Ford, Universidade de Columbia e terminaríamos a semana com minha posse, que Celso já tinha planejado sem eu saber, que eu seria presidente na nova articulação internacional que ocorreria na sede das Nações Unidas. Eu recusei, mas forças afetivas maiores me fizeram mudar de ideia e viajar de última hora foi também uma forma de tentar juntar meus cacos e me reconstruir, porque nessas horas a gente quer desistir.

Nessa viagem, Edmilson Filho, um cara que se tornou amigo irmão, me foi apresentado por outro irmão chamado Haroldo Guimarães. Foi um cara que me estimulou muito a ir aceitar esse novo desafio. Eu me senti incapaz de continuar, mas ele ia até NY para acompanhar minha posse na ONU, pois segundo ele era maior orgulho ver um cearense tomando posse na casa dos chefes de Estados do mundo.

No papo com Edmilson, conversamos sempre sobre questões familiares e afetivas, e eu conversei com ele que estava separado e que, depois de separado, a Cynthia me procurou para dar a informação de que estava grávida.

Lembro bem o desespero dela, devido à situação conjugal nada boa em que estávamos, e ela me informou receosa da decisão de dar seguimento à gravidez, para mim foi uma surpresa, mas a surpresa maior estava por vir; depois que conversamos e eu disse para ela que, independente da nossa situação afetiva e amorosa, estaríamos lado a lado para sempre.

Fomos ao médico na manhã seguinte, ela informou aos pais a decisão, ao sair da sala de exame, ela estava aos prantos. Fiquei preocupadíssimo, achando que tinha ocorrido algo grave, mas o choro dela era um misto de felicidade, insegurança e medo, pois o resultado deu que ao invés de um bebê eram dois, aliás duas, eram duas meninas. Eu a abracei e choramos juntos, soluçando e nos fortalecendo pelo que vinha pela frente.

Ela estava se preparando para o doutorado, e pelo que a conheço, essa foi a decisão mais difícil para ela, pois ela já tem uma filha que ela batalha para criar, a Agnes, que conheci ainda pequena, filha de uma relação que ela teve antes de nos conhecermos. Eu via a dedicação e os conflitos de conciliar uma vida profissional, o ativismo político e a missão de ser mãe. E sabia o tamanho da responsabilidade que ela tava assumindo.

Independentemente de onde a vida nos colocar, espero que a gente possa conviver muitos anos vibrando e fortalecendo a vitória um do outro, a Cynthia Studart será o sinônimo do que eu conheci de mais puro e verdadeiro no sentido da palavra AMOR, sei que nunca estarei à altura da disposição e do desprendimento dela, mas espero poder sempre estar possibilitando a vivência amorosa, mesmo sabendo que o amor é imperfeito e gratuito e que a vida a dois é um desafio a ser vencido todos os dias.

Essa decisão me acendeu uma chama de esperança, eu decidi topar o convite, por sorte não perdi a passagem e nem o visto americano, não sei de onde a gente tira tanta força para superar os piores momentos, mas eu juntei meus pedaços e desci para a arena da vida.

Embarquei para os Estados Unidos, cumpri a agenda com êxito, mesmo estando todo quebrado por dentro, e já no clima paterno aproveitei que já tínhamos escolhido os nomes das meninas - NINA E IACI - e comprei várias roupas de bebê para elas.

Chegando ao Brasil, corri para a casa da Cynthia, para mostrar as roupas e saber quando seria a consulta do pré-natal. Tínhamos consulta marcada para a tarde do dia seguinte.

Fomos à primeira consulta, as meninas estavam bem, crescendo dentro do esperado, tamanho normal, batimentos cardíacos perfeitos. Veio a segunda consulta, e com ela a bomba sobre nós.

O médico, ao fazer a exibição do exame na tela, na hora de colocar o som do coração das crianças, apenas um coração batia, o outro havia parado. Eu desmoronei, mal tinha ocorrido a perda do meu filho, outra perda na sequência, nessas horas a gente desacredita até de Deus de tanta dor e desespero, mas como disse, era outra provação.

O médico nos consolou e nos chamou para informar a situação, ele informou que o outro feto o próprio corpo vai se encarregar de eliminar, e que a gente olhasse a parte boa, que era a criança que tinha ficado, e ao contrário do que todos nós pensávamos, o que ficou não era outra menina, era um menino, era o nosso José.

Caí novamente noutra montanha-russa de emoção e sentimentos fortes, felicidade, tristeza, saudade, e um pergunta gritava dentro de mim procurando saber por que todo esse percurso de tantas dores e acontecimentos.

O que ficou para mim desse percurso tumultuado foram lições que me fizeram refazer entendimentos e valorizar a essência das pessoas, de perceber que não posso transformá-las no que acho legal para elas, pois elas são o que são, que elas têm potenciais, mas também têm fragilidades e atitude negativas, e acima de tudo que a vida está sempre nos convidando a recomeços e nos dando a chance de reescrever nossas histórias.

Eu tô tentando escrever a minha da melhor forma possível, nem melhor, nem pior do que ninguém, apenas a minha história e na medida do possível, poder compartilhar as conquistas com as pessoas que amo, que me fortalecem e acreditam em mim.

74

livraria cultura

Preto Zezé
SELVA DE PEDRA
A FORTALEZA NOIADA
CUFA

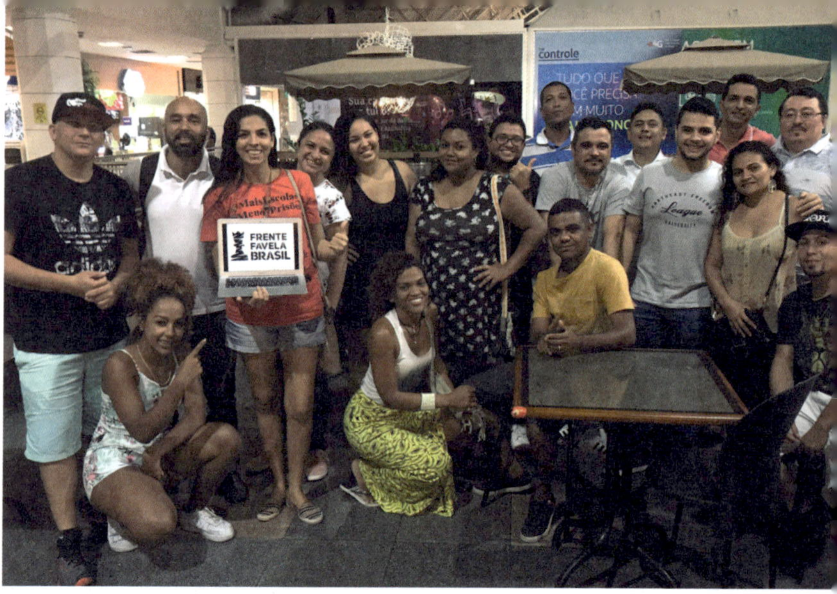
FRENTE
FAVELA
BRASIL

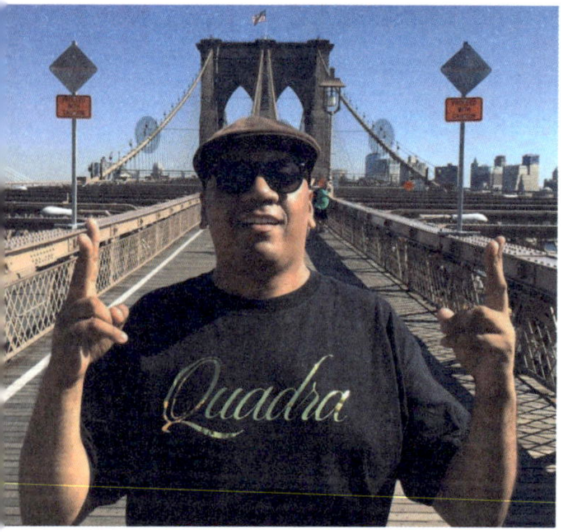
Quadra

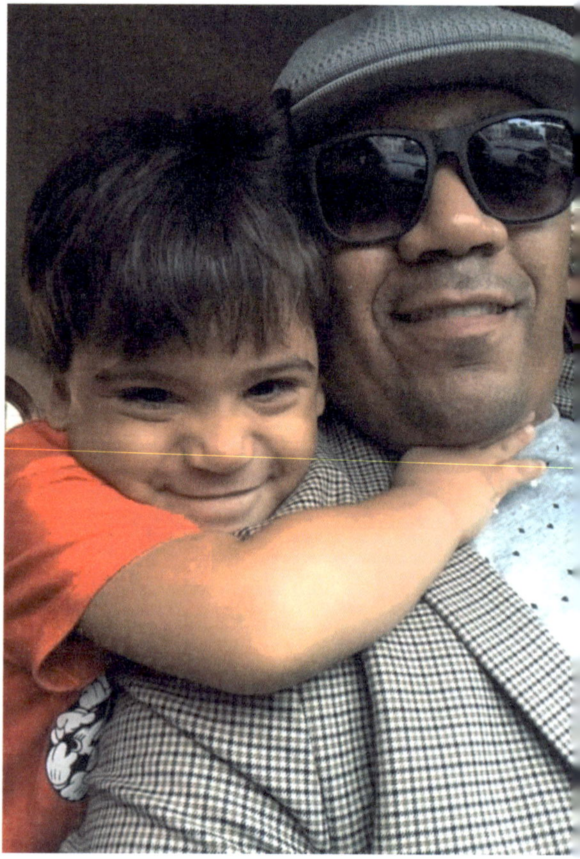

HIP HOP LADO A: O INÍCIO

Numa tarde de domingo, OS CAVEIRAS chegaram lá em casa. Eles já eram destaque na pichação numas das galeras* mais famosas da época, a DR (demônio das ruas). Eles levaram uns discos que a gente tinha combinado de ouvir assim que chegássemos da praia, num som 3 em 1 que meus pais tinham.

Primeiro colocamos no 3 em 1 um disco do RUN DMC, o Raising Hell, que trazia o clássico *Dumb Girl*. Eu recordei, na hora, do baile; o próximo disco tinha um som com *rock n' roll*, se não me falha a memória era uma música do Public Enemy (grupo de *rap* americano) com a banda de *rock* Anthrax. Eu pedi para tirar rápido, muita guitarra e gritaria, apesar de eu ter gostado da capa do disco, achei lindo o monte de negão com cara fechada, numa pala monstra e se posicionando como um pelotão, mas era muita zoada para uma tarde de domingo.

O Pirado adorava, ele sempre curtiu muito o *rock*, pois o *rap* e o *rock* tinham rebeldias semelhantes que se comunicavam, pelo menos na época.

Na sequência, colocaram outro som, que eu já tinha ouvido no baile *funk* também, que tempos depois eu ia descobrir que era do Kool Moe Dee.

Achei bacana, mas como não entendia nada, balançava a cabeça curtindo o balanço do som, como ninguém dominava o idioma inglês, esse som era conhecido como Melô do relógio no favelês, na verdade o nome da música é *Do You Know What Time It Is*, que confirmava a intuição da favela quando a batizou, porque a tradução é mais ou menos "Você sabe que horas são?".

O último disco foi um chamado Cultura de Rua, que tinha uma galera na capa de costas num muro, como quem tivesse levando

*galeras - gangues

uma geral. Nessa época, as capas de discos e os nomes dos grupos gostavam de passar mensagens diretas, eu já me identifiquei aí, porque parecia muito com nosso cotidiano, principalmente na ida ao baile, quando a gente encontrava polícia na ida, na chegada e na volta do baile; dependendo do ânimo dos pms, rolava apenas geral e no máximo, como diziam eles, "só umas maõzadas". Isso sem falar do risco da gente encontrar alguma galera rival pelo caminho.

Essa mistura de risco, lazer e exibicionismo nos mobilizava de uma ponta a outra da cidade, pois dava um adrenalina sem igual e nos tirava qualquer noção de perigo.

Pirado me deu uma aula sobre essa cultura, foi minha primeira aula sobre *Hip Hop*. Ravengar e Pois é completaram o intensivo naquela tarde histórica de um domingo quente, compartilhando um conhecimento sobre uma cultura musical urbana que mudaria para sempre a minha vida, por que não dizer, salvaria

Naquele momento em que as ideias do *rap* abriam uma cortina para mim, caíram por terra todos os mitos e fetiches construídos por uma sociabilidade forjada na rua, de vida intensa, focada em momentos rápidos de prazer e adrenalina, de um ritmo frenético de quem parece viver para hoje, pautado por marcas de roupa para driblar a invisibilidade imposta pela seletividade cruel da sociedade de consumo, nas armas, na figura da força e virilidade que as ruas e suas regras cobram e nos impõem.

A música *Homens da Lei* iniciava com uma sirene e alertava para ter cuidado. Na letra, ele detonava a violência da polícia de São Paulo, e como polícia é polícia em todo lugar, as denúncias e ataques à polícia que ele fazia eram pelos mesmos motivos que os nossos em Fortaleza.

Eu ouvi esse som umas três vezes e lembro bem a sensação que tive. O *rap* da dupla Thaíde & Dj Hum foi como um tiro, uma explosão na minha cabeça, pois a história da repressão policial pela qual passávamos na época estava tão massificada e institucionalizada como "normal" que quando ouvia cada estrofe do som, era um misto de orgulho, pois o cara que cantava era preto como eu, até o olho baixo dele se parecia com o meu (Eu, no caso, mais bonito e bem parecido né, professor Thaíde?), pelas ideias que eu jamais imaginaria que alguém pudesse denunciar a violência da polícia, que para mim, era parte natural de um enredo injusto de viver nas favelas da cidade, e ainda fazer um discos, gravar uma música e espalhar isso para milhões.

Era a tal liberdade de expressão, o canal de comunicação, a identificação, o sentimento de pertencer a algo ou a alguma coisa. A ideia de ter alguém sentindo e pensando como eu foi como abrir uma porta de uma outra dimensão, eu me sentia poderoso, forte, meu ódio estava canalizando para a música, a revolta se organizando, minha mente começava a pensar como fazer algo parecido, e eu automaticamente perguntei ao Pirado:

"Macho, onde tem isso aqui em Fortaleza?"

"No Conjunto Ceará!"

"Vamos lá, hoje?"

"Bora!"

A audição se encerrou de imediato e seguimos naquele domingo, que era dia de roda de *break*, para o Polo de Lazer do Conjunto Ceará. Peguei uma camisa preta, como eles me orientaram, corremos para a Praça Portugal e de lá, no ônibus 075 - Conjunto Ceará Aldeota, seguimos para o Conjunto.

A partir deste dia, a minha vida nunca mais seria a mesma. Só tenho a agradecer aos amigos que me levaram nessa viagem que continua até hoje, devo isso para sempre a vocês.

Eu não acreditei no que vi, parecia filme; uma galera de boa, vinda de todos os cantos da cidade, no ar um clima alto astral, uma galera com roupas temáticas, cordões de couro com mapas da África, cabelos quadrados, cantando músicas como se fossem hinos; em cima da caixa de som, um dj comandava os sons enquanto vários jovens dançavam *break* a cada música colocada, um clima de confraternização, um verdadeiro ritual urbano.

Dentro de mim foi como um vulcão em erupção, um sentimento que eu nunca tinha experimentado me invadiu, eu não me sentia mais invisível e, mesmo sem conversar com ninguém, eu me sentia em meio a uma família, pertencente àquele ambiente, parte daquilo, como se as músicas me convocassem para uma batalha.

Era tudo muito místico, romântico, mágico e extremamente sedutor, e a minha angústia automática era chamar o máximo de gente que eu pudesse e conhecia para fazer parte daquela família.

Senti uma sensação maravilhosa que nunca vou esquecer. Nunca me senti tão seguro, nunca me senti tão bem recebido e acolhido, reinava um clima de irmandade e pertencimento no ar, como se ali fôssemos da mesma família, e éramos, a família da rua.

Lembro que ao me aproximar, um cara chamado Jota me abordou, ele era um preto escuro, cabelo quadrado, estava junto com o CN3, um MC do Conjunto Ceará, uma das mentes mais inteligentes que eu já conheci na vida e para mim, até hoje um dos motivos de inspiração como pessoa e como poeta. Jota me apresentou outras pessoas que estavam com eles. Depois de um tempo, colou na conversa o W Man e o Turbo Free, que neste dia mandaram um som. Eu me sentia num filme.

Em seguida chegou o Johnson Sales, que era o líder, conhecido como Poeta Urbano, uma espécie de intelectual orgânico. Ele tinha um estilo diferenciado, branco, cabeludo, com camisa por dentro, cinto fivelão, calça *jeans* e sapato social. Ele interrompeu a conversa e nos apresentou: "esses daí são os caveiras das Quadras da Aldeota." Ele me deu um jornal do movimento, onde falava dos eventos, das notícias e de algumas ideias políticas, como contracultura, movimento estudantil e lutas sociais. Foi uma overdose de euforia naquela tarde de domingo de 1992.

CN3 tem papel importante na minha trajetória no *Hip Hop*. Além de ser um dos melhores letristas do país, foi ele quem me incentivou e me ajudou a compor o primeiro *rap* na vida e ajudou a formar o nosso grupo de *rap*, chamado Contrabando da Lei, que era eu, Ligado, Ice Rick e Eriblack, moradores do Conjunto Ceará. Os nomes em inglês era o frenesi do momento. Tenho uma admiração e carinho por ele, um dos caras mais inspiradores da nossa geração, como poeta e como pessoa.

Depois viramos Ataque Frontal; aí já era mais eu e Ligado. E eu ainda lembro da minha primeira vez cantando no colégio Creusa do Carmo Rocha, estava tão nervoso que, assim que terminei de cantar, fui lá para trás do pessoal para eu me esconder.

Uma das especificidades do MH2O, em relação ao *Hip Hop* do Brasil, era o *smurf dance*, que se caracterizava por dançarinos que usavam gorros tipo *smurf* e danças coletivas de passos combinados. B Flash (que também cantava *rap*) e Ice Power foram os primeiros a introduzir o tema do racismo no *rap* cearense. Kiko, Branco e Turbo Free eram os destaques desse gênero.

A presença das mulheres era pouca, mesmo assim B Girl e Raíssa desafiavam a lógica e eram as primeiras mulheres a mandar as ideias femininas no microfone.

Eu me adaptei rápido ao movimento e fui procurar saber da sua história, seus líderes, seus ícones e o surgimento de tudo. Eu me entrosei, comecei a participar das reuniões, das atividades, já tínhamos a posse das Quadras (nosso núcleo dos Caveiras tinha base própria, com ensaios e treinos ainda com base no *break*). Pirado introduziu as primeiras letras de *rap* que não foram para frente, pois ele curtia mais grafite e *break*, Ligado e Foca também colaram na banca, nossa posse só crescia.

Eu e Ligado andamos essa Fortaleza e região metropolitana, mais fortemente Maracanaú, fazendo oficinas e criando núcleos, agregando vários irmãos; a gente parecia crente recém-convertido, pregando o evangelho do *Hip Hop* e aumentando o rebanho. Era impressionante a adesão e a mobilização num tempo em que não existia *Facebook* nem *Instagram*, a galera queria uma causa; nós nos movíamos por um sonho, por uma ideologia. Só quem viveu sabe.

O movimento crescia, eu já era coordenador geral em pouco tempo de chegada, tava envolvido até o pescoço, respirava o movimento e, assim, fui percebendo aos poucos que o movimento crescia e precisava de parceiros, precisava se organizar melhor, formar novos líderes e criar cada vez mais núcleos. Nós nos sentíamos como se fôssemos uma espécie de Canudos da periferia.

Eu estava prestes a levar outro baque; nesse mesmo período, o Racionais MC's lança um disco *single* chamado Voz ativa, e nele a música *Negro Limitado* me fez enxergar o mundo à minha volta de outra forma. Ela me abriu uma espécie de terceiro olho e, a partir dela, eu nunca mais seria o mesmo Zezé das Quadras sem referência e sem identidade. Ela foi responsável por forjar o nascimento do Preto Zezé.

Começamos a adentrar à mídia escrita, Adriano de Lavôr e Luciano de Almeida Filho, dois grandes jornalistas, toparam a loucura de nos anunciar neste espaço com um olhar digno e respeitoso, sem estereótipos e preconceitos.

A academia já observava o movimento, o meio político já via possibilidade de como se aproximar e capitalizar nossa força, bem como a capacidade de mobilização e diálogo com a periferia.

O movimento social, em particular o movimento sindical, e parlamentares de esquerda eram nossos principais parceiros.

Dos parceiros que tivemos, o Sindicato dos Trabalhadores da Construção Civil, que era na Domingos Olímpio, tem papel importante, pois funcionava como um grande condomínio de organizações e movimentos; eles nos acolheram de uma maneira que nos fortaleceu e ampliou nosso trabalho, já que sua sede era no centro da cidade.

Além da diretoria, nas figuras do Raimundão e Valdir, uma mulher que começou nos tratando meio à distância - porque a gente era estranho mesmo - foi a Josélia, com o tempo ela se tornou uma das mais fiéis e empolgantes apoiadoras do movimento e uma amiga que vou levar para toda a vida. Valeu por tudo, Nega!

A sigla MH2O foi criada pelo produtor cultural Milton Sales, o Miltão, como era conhecido pelos mais íntimos. Ele me contou que o nome veio de um evento que rolou durante uma chuva forte em São Paulo, e ele observava a resistência e persistência dos jovens em levar à frente o evento mesmo com a tempestade que caía, e numa viagem que só o Miltão é capaz de ter, ele vislumbrou o Movimento das Águas (MH2O).

Dos legados e feitos do Milton Sales, o maior, acredito eu, foi ser o responsável por unir quatro jovens no final da década de 80 que viriam a ser o grupo mais importante do *Hip Hop* brasileiro, o Racionais MC's.

A sigla foi hackeada no Ceará, conservando parte da ideia de organização política de base que até hoje Miltão defende, mas agregando características únicas que fizeram da experiência cearense referência para o país inteiro na época, e a revelia do que se pensou inicialmente em Sampa.

No Ceará, o MH2O surgiu da aliança de gente como eu e Ligado, que vinham das gangues de baile e da pichação, um setor das gangues de *break* que ocupavam as ruas da cidade, com uma galera que vinha mais do movimento político estudantil que era efervescente no Conjunto Ceará.

Esse link entre rua e movimento político deu um potencial enorme ao movimento político, pois tinha na cultura a mobilização, a linguagem fácil e o acesso aos jovens e seus bairros, e fez com que a galera que era da rua se formasse politicamente.

Nós éramos da linha radical, defendíamos que o *Hip Hop* devia ser uma espécie de MST da periferia, com as POSSES (nossas BASES, núcleos, assentamentos), O CENTRALISMO DEMOCRÁTICO, como mecanismo de organização e decisão, e o SOCIALISMO como plataforma que dava norte à nossa ideologia, que concebia única e exclusivamente a CULTURA ENGAJADA como prática ativista.

Com o tempo, várias questões batiam à nossa porta, como a necessidade de um mercado, a incorporação das mulheres e a diversidade sexual, a necessidade de ampliarmos as ações para outras áreas e a construção; a questão racial começava a falar alto sem encontrar espaço, e todas essas questões eram sufocadas pelo método centralizador que tínhamos herdado da cultura de esquerda. E como todo movimento que cresce e aparece, as tensões e conflitos internos são inevitáveis.

A história do movimento está bem mais detalhada e melhor contada na tese do amigo irmão, professor, historiador da UECE, meu xará Francisco José Damasceno, que testemunhou e registrou grande parte da trajetória do movimento, suas divisões, visões, potenciais, dificuldades, conflitos e dissidências.

Eu entrei no movimento numa época de final de ciclo de trabalho de base dos grupos partidários, onde mesmo em pequena escala ainda se tinha preocupação de reunir pessoas nos locais de moradia para estudos teóricos e filosóficos, mobilizações e engajamentos políticos.

Não existia a falsa dicotomia entre estudo/academia e ação/movimento, pois compreendíamos que conhecimento qualificava a ação, e qualquer elaboração teórica que se preze, não pode se alienar do cotidiano prático da vida real.

Li e reli todos os grandes clássicos da esquerda e seus teóricos, Marx, Lênin, Trotsky, Engels, Rosa Luxemburgo, e tantos outros que formavam a base de pensamento do movimento político de esquerda.

Eu fui privilegiado por participar de tantas iniciativas; perdi a conta de quantos grupos de estudos e ações participei, junto a grupos políticos como PRO - PARTIDO DA REVOLUÇÃO OPERÁRIA (da ex-prefeita Maria Luiza e Rosa da Fonseca), de quanta sola no sapato gastamos para correr o interior do Ceará, juntando assinatura para legalizar o PSTU, da militância no mandato parlamentar junto ao João Alfredo (deputado estadual do PT), das mais diversas manifestações, ocupações, passeatas, protestos, ações diretas e ativismos de todo o tipo.

Nossa compreensão de *Hip Hop*, bebeu e formou-se nessa fonte, e era ainda regida por uma pureza e romantismo ideológico de doar a vida por uma causa, mesmo que isso sacrificasse tudo, e muitas vidas e juventudes foram sacrificadas; entregamos o nosso melhor momento da vida à luta; a nossa juventude.

A cultura de disputa do ambiente político da esquerda estudantil foi incorporado ao dia a dia do movimento, minando as possibilidades de consensos, assim como valores, símbolos, dinâmicas de funcionamento, instâncias de decisão e a formação de grupos divergentes da linha geral do movimento.

A impressão que eu tinha era que, aos poucos e por diversos motivos, individual e coletivamente, essa lógica fazia o movimento ir perdendo integrantes importantes; a ideia de coletivo e de uma igualdade plena não reconhecia ou sufocava os talentos individuais, impedindo-os de colaborar para a coletividade.

Daquele período de final da década de 90 eu fui um dos últimos a romper, sem acreditar mais no que estávamos fazendo, sem ver alternativa de mudança. Triste e frustrado, fui a uma reunião e comuniquei minha saída, era quase uma década de vida dedicada a construir uma coletividade, para mim nada mais valia a pena e eu me sentia sem chão, sem nada, sem vida.

Eu poderia até brigar, mas não era do meu feitio disputar poder entre nós mesmos, nem eu acreditava mais que estas disputas iam levar a gente a lugar algum, a não ser mais rachas e uma convivência insuportável. Tinha acabado o amor e o prazer por aquilo que estava fazendo.

Era hora de trilhar outros caminhos que eu não sabia ainda quais eram, mas tinha plena certeza de que tinha chegado ao final minha caminhada na organização responsável por grande parte do meu aprendizado.

86

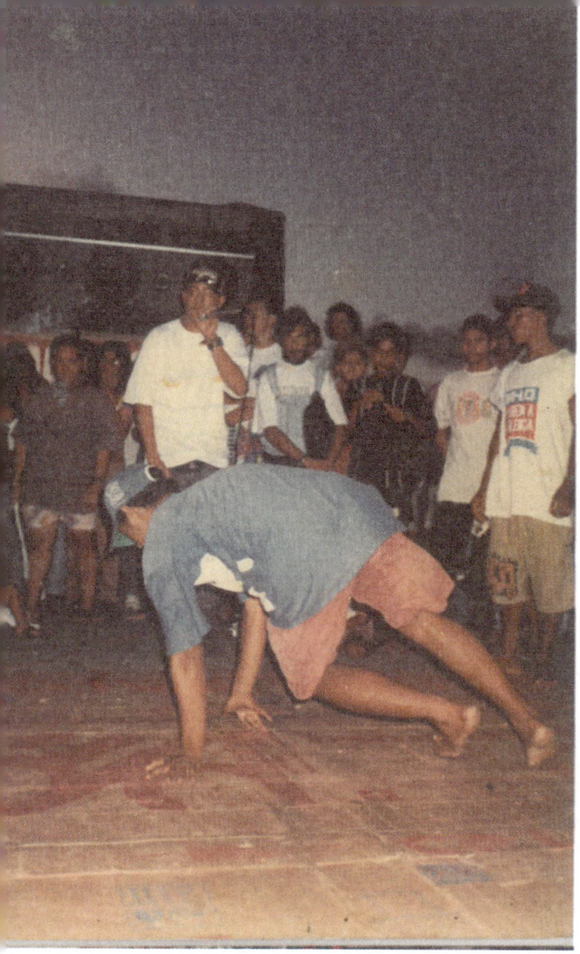

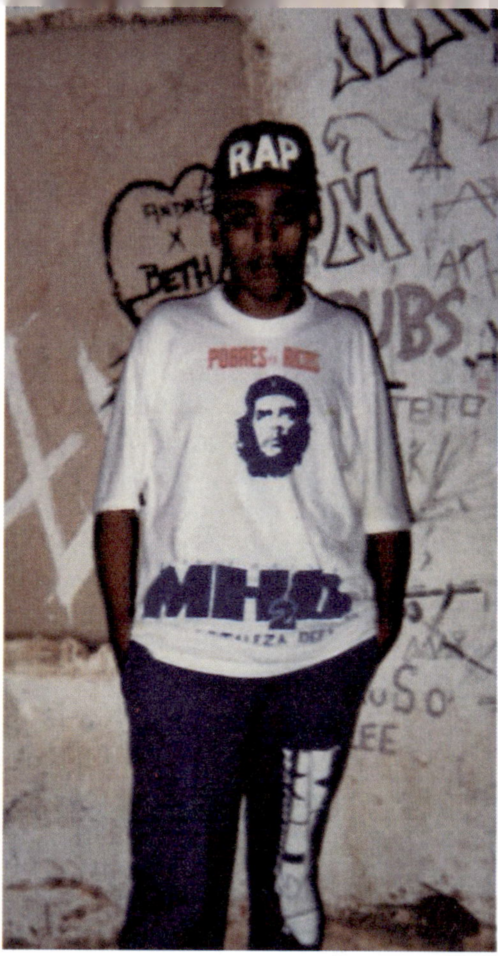
RAP
BETH

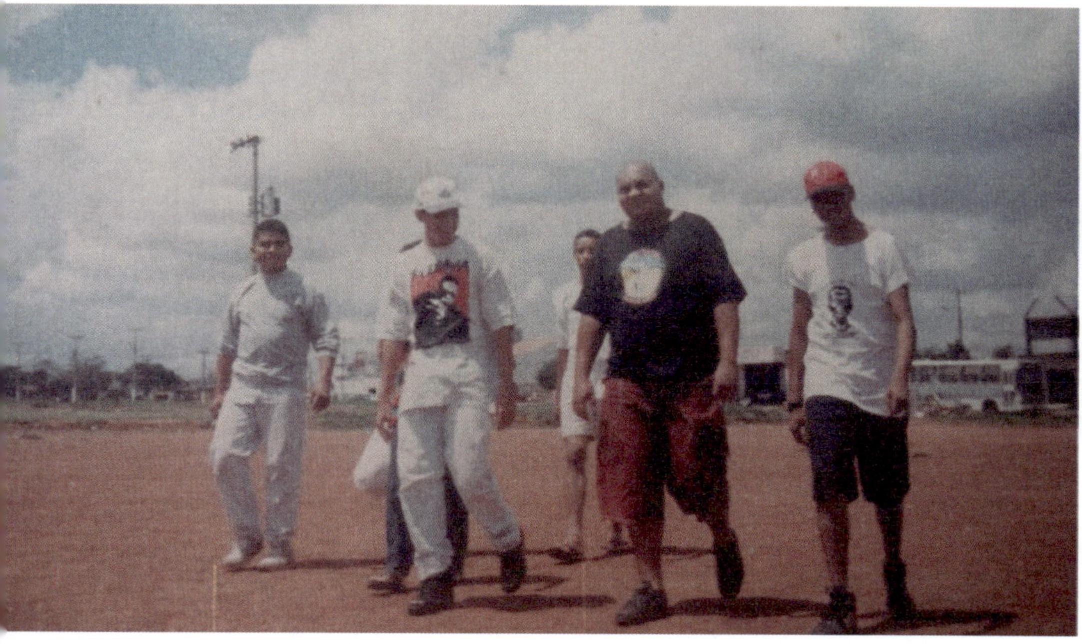

HIP HOP LADO B: O MCR

Passada uma semana da minha saída, toca o telefone comunitário e o moleque vem me chamar. Eu estava em casa, dormindo de tristeza ainda, curtindo a rebordosa e a ressaca de fim de relacionamento; era o Alexandre de Maracanaú me convidando para ir à casa dele para um almoço.

Alexandre sempre foi um cara liderança do *break* no Ceará. Ele vinha de Maracanaú, onde justiça seja feita, sempre foi um celeiro de grandes talentos da cultura *Hip Hop*, que só não foi mais notado e valorizado porque as capitais tendem a centralizar tudo e ter o monopólio e acesso a mais estruturas e apoios.

No caso do *break*, na minha época, os caras mais destacados, quase todos eram de fora de Fortaleza. Paulista, Alexandre, Régis, Kleber de Maracanaú, Rivelino e Din de Maranguape, Cláudio do Parque Albano - Caucaia, só para citar alguns dos monstros da mitologia urbana que a cultura de rua de Fortaleza produziu.

Ao chegar à casa do Alexandre, deviam ter umas duzentas a trezentas pessoas no quintal. Até hoje eu me emociono e me arrepio ao lembrar a alegria do pessoal ao me ver naquela reunião, era recíproco.

Gente que encontramos pelas caminhadas nas comunidades, construindo espaços, debatendo política, produzindo cultura, ocupando ruas e praças, fazendo rodas de *break*, oficinas nas escolas, o chamado trabalho de base. Detalhe, sem um puto do estado, não tinha edital, projeto, ong, nada. Era 100% na autogestão.

O Alexandre coloca um som para rolar um racha de *break*, tentando me animar e não fazer eu desistir do *Hip Hop*. Em meio aos discos que ele procurava para iniciar a roda, surge a capa da coletânea *Hip Hop* Cultura de Rua. Sim, ela de novo!

De repente, me dá um estalo e eu me levantei e disse:

"Alexandre, vamos formar o Movimento Cultura de Rua - MCR?"

Ele olhou nos meus olhos e me deu a mão e me abraçou:

"BORA!"

Nossa primeira decisão foi ocupar as praças novamente. Voltamos para o Mercado Municipal de Maracanaú fazer as rodas de *break*, à Praça José de Alencar, eu tinha conseguido um par de toca-discos e, por anos, eu e às vezes Ligado éramos dj e mc's para cumprir duas funções e dar conta do serviço de agitar as rodas de *break*.

Conseguimos o primeiro programa de *rap* no rádio, na rádio comunitária da Mandacaru FM do Bairro Ellery. Leo Cabral, Berg, Chiquinho e Lúcio eram os caras que puxavam o bonde conosco. O MCR crescia a passos largos, trazendo de volta o *glamour* e a mística da cultura urbana.

Com o tempo, W Man juntou-se a nós e criamos o nosso grupo de *rap* Comunidade da Rima. No início éramos somente nós três, eu, ele e Ligado, depois Dj Doido foi agregado.

No início eu era um cara que carregava caixa e ligava o som com um chapa da Piedade chamado Amorim. Depois, aos poucos, ensinei a ele algumas manhas dos toca-discos, e até hoje ele tem a carreira dele e desenvolveu, aperfeiçoou seu talento na discotecagem.

O *Hip Hop* já tinha entrado no gosto e na moda da universidade; estávamos alcançando visibilidade, a imprensa já conhecia, os movimentos sociais também.

Numa pesquisa sobre gangues e galeras, pilotada pela socióloga Glória Diógenes, bolamos um projeto de extensão em 1998:

durante seis meses, iríamos fazer um programa de rádio na FM universitária. Nossa experiência havia sido somente na rádio comunitária, por isso deu um medo danado, mas topamos e estamos até hoje, já chegando aos 20 anos.

Íamos avançando nos diálogos sem a preocupação de catequizar a galera, sempre com o cuidado de desconstruir o estigma de *Hip Hop* como partido político. Crescemos rápido e isso foi muito positivo, apesar de disparar o desespero da oposição, mas rejeitamos o tempo todo entrar nas velhas guerras internas; enquanto falavam de nós, a gente trabalhava.

Retornamos para o cotidiano das favelas com menos arrogância de intelectual. Fomos convivendo com suas diversidades; conforme buscávamos concretizar o discurso que pregávamos nas letras de *rap*, íamos compreendendo como a favela era diversa, heterogênea, complexa, contraditória e com várias leituras de realidade, que embora não tão rebuscadas e politizadas como as nossas, não perdiam em nada em importância, grandeza e sabedoria, e isso nos tornou menos distantes do convívio que a politização em excesso acabou reproduzindo em grande parte da minha geração.

Conforme essa postura de doutrinamento ideológico e político ia diminuindo, íamos descobrindo as limitações do *Hip Hop* na relação com o povo e superando um Hip Hopismo (tendência que acredita ser o *Hip Hop* a única e exclusiva forma de viver, entender e se comportar no mundo) e se sentindo parte de uma biodiversidade privilegiada no ecossistema das favelas. O *Hip Hop* não é e nunca será maior que a favela, ele faz parte dela.

Precisávamos ir além do já feito e fazer o Ceará ir além em práticas reais, não somente no discurso. Era hora de oxigenar as ideias, criar alternativas de continuidade que tivessem a favela como base, radicalizar na ação e não somente no discurso.

Recém-iniciado o MCR, troquei uma ideia com Brown (Racionais MC's) de fazer o show deles no Ceará. Precisávamos expandir a visão e apresentar à cidade uma nova visão do que estávamos fazendo.

Era 1999 e eles nunca tinham vindo à Fortaleza. Mesmo assim, seu som já era hino nas favelas daqui; era um jogo de risco, nunca tínhamos produzido um show na vida. Mas viver é correr riscos, então era calça de veludo ou bunda de fora.

Minha relação com Racionais começou em 1992 através do Milton Sales, e até hoje temos relações de negócios, musicais e uma amizade que já dura 26 anos.

Meu interlocutor no grupo era DJ KL JAY, que negociava à época a parte comercial também. Foi com quem eu trabalhei vendendo discos, eu devo ter vendido uns 15 mil discos do Racionais em Fortaleza.

Era época do nascimento da mídia em CD, e o *Sobrevivendo no Inferno* era o disco mais esperado do Racionais, que estavam há mais de uma década sem gravar nada.

Os estágios de morar uns tempos em Sampa, de trabalhar na gravadora cooperativa Cia Paulista do *Hip Hop* com Milton, distribuindo CDs em todo o país, lançando as primeiras versões de *Single* (CD com uma ou duas músicas e várias versões) de grupo como DMN e clássico como H. Aço, de revelações como SNJ com o hino *Mundo da Lua*, e mais outros como Dimensão Negra, Filosofia de Rua, Edi Rock, que lançou o seu primeiro trabalho solo, tinham me dado uma ideia básica de como estruturar algo semelhante no Ceará e dar uma virada de página.

Chamei Léo Cabral (um paulista erradicado cearense) e toda a nossa turma da rádio Mandacaru, meus parceiros do Comunidade da Rima Ligado e W Man e disse: "vamos fazer essa parada."

Escolhemos um espaço para fazer a festa, fizemos o orçamento, calculamos um valor de ingresso, falamos com o parceiro Vitinho para fazer o cartaz e caímos em campo para pedir apoio às lojas de *rap* que tinham relação por vender CDs.

Tudo encaminhado, ingressos sendo vendidos e daí somos surpreendidos com uma ordem judicial que embargava o local do show. A ordem se baseava em falta de condições técnicas da casa para realizar o evento e também porque, segundo a interpretação do juiz, "o grupo Racionais MC's tem, em suas letras, conteúdo impróprio para a juventude, com forte apelo às drogas e apologia ao crime".

Ficamos sem chão, só um milagre podia nos salvar; já tínhamos comprado passagens, reservado hotel, pago parte da infraestrutura, e estávamos lascados, pois teríamos que devolver toda essa grana. E como precisávamos de um milagre, ele aconteceu.

Em meio à confusão, o telefone toca; era alguém querendo comprar ingresso, eu sem saber o que falar ainda, informei que a gente tinha tido um problema com a casa e que talvez o show fosse adiado.

O cara, com a voz carinhosa e tranquila, disse que casa não era problema e nos convidou para conhecer um espaço do qual ele era proprietário.

O lugar era a barraca Biruta, palco sagrado de shows de todas as grandes bandas alternativas e da música *pop* no Brasil.

A Biruta, como era chamada por seus fãs e frequentadores, marcou toda uma geração que curtia uma cultura musical mais alternativa, influenciada pelo *surf*, pelo *pop rock*, *surf music*. Era um ambiente da juventude classe média descolada e dos melhores e mais disputados brotos da cidade.

Eu fui no outro dia de manhã conhecer a Biruta, quem nos esperava era o Fernando, que depois nos apresentou seu outro sócio, o Rubens. Pense em dois caras gente boa!

Eles nos receberam com carinho e atenção. Eu disse que estávamos literalmente lascados e que parte da grana a gente já tinha investido e não tínhamos muito para colocar.

Ele disse que podíamos fazer um pacote alternativo e que era do interesse deles receber o Racionais lá.

Como ultrapassava os custos, liguei pro Brown e falei: "irmão, o show tá na rua, muitos ingressos vendidos, que já pagaram uma parte do custo, mas precisamos pensar se vamos correr esse risco, sem falar que vamos precisar de mais uma grana para alugar a casa nova devido ao problema com a justiça."

O Brown foi taxativo:

"Vamos fazer! Precisa de quanto?"

Quinhentos conto.

"Arruma uma conta que tô enviando essa grana aí, se virar você me paga, se não, faz parte do risco dos negócios."

Como já estava no risco, resolvi aumentar a aposta. KL JAY fazia o programa Yo MTV na MTV à época, sondei com ele quanto custava para trazer a equipe de TV, vi que era importante repercutir nacionalmente o que ia ocorrer no Ceará e, principalmente, projetar o *Hip Hop* daqui para o Brasil que via o programa.

Chegado o grande dia, eu nem dormi de um dia pro outro, fui buscar o Racionais no aeroporto, colocamos eles num hotel meia boca, até porque eu nem sabia qual era a diferença entre a quantidade de estrelas de um e de outro. Mas lá tinha piscina, cama boa, comida boa e ar-condicionado; era a minha ingênua compreensão do que era um hotel bom.

O Brown me perguntou se tá tudo bem, eu disse que sim, mas por dentro o medo enorme da gente levar prejuízo me consumia. Era muita ousadia para meia dúzia de moleques de favela fazer o show do maior grupo de *rap* do Brasil com aquela estrutura e os custos altíssimos para a época e as condições que tínhamos.

Ansiosos, chegamos à barraca Biruta cedo; não havia ninguém ainda, e conforme as horas passavam a gente sofria. Deu 22 horas e a galera não tinha chegado ainda em grande número, nem mesmo os que já tinham comprado ingresso. A sensação do pior assustava todos nós.

Fernando, já experiente, acalmou a gente dizendo que show era assim mesmo, a galera faz as bases antes e depois vem lá para meia noite. Mas era novo também esse perfil de show para ele, sem falar que o perfil da casa era mais de classe média e o nosso show era 100% favela.

Eu improvisei de dj e apresentador. No palco, me preocupei em estar dialogando com a massa para evitar algum desentendimento. Leo cuidava da produção junto com o irmão Samuel e Fernando ajudando em todas as pontas.

Começamos a tocar, abrimos os portões e entrou uma multidão de gente que nunca na vida eu imaginava ver junta. A maioria gente escura, vinda dos mais diversos bairros da cidade e até de outras cidades da região metropolitana e estados vizinhos.

Apesar de várias áreas diferentes no mesmo local, o que gerava uma tensão normal, o clima era de completa paz e assim foi até o final para surpresa de todos.

Pra resumir, deu tudo certo com o show. Gravamos dois programas da MTV, eu inclusive apresentei um deles; o show do Racionais foi histórico, com grandes clássicos como *Homem na estrada* e *Fim de semana no parque*.

O principal para nós era pagar todas as contas e que não houvesse nenhum incidente, pois ia contribuir para uma criminalização ainda maior da cultura.

Esse show nos trouxe muitas lições, aprendizados e inspiração para os próximos passos. Foi um curso prático que estávamos vivendo e que ampliaria nosso horizonte de possibilidades.

Eu estava decidido a criar estruturas e projetar o *Hip Hop* local através de eventos desse tipo. Eles propagavam o *Hip Hop* como entretenimento, e isso dava uma cara mais leve para desconstruir a ideia criminalizante da opinião pública.

Gerava uma interação direta com nosso público, o que dava mais musculatura para as nossas metas de ampliar a organização do movimento nos bairros.

Era um espaço privilegiado para dialogar com a juventude e construir uma referência local e nacional de um movimento urbano com compromisso social, misturando diversão, cultura, protesto, denúncia e autoconhecimento.

O show também abriu uma porta enorme num ambiente novo, que era o da indústria cultural local, sua cadeia produtiva, suas estruturas e canais de financiamento, e nos fez dar um passo à frente no que até então era o *Hip Hop* local, pois massificamos a cultura de tal modo que estavam dadas as condições para fomentar um mercado.

Nessa época, pensamos o MCR com dois lados: o da política de organização de base, tendo a produção cultural subordinada aos interesses da galera das quebradas e não o contrário, em que tínhamos o *Hip Hop* como correia de transmissão das ideias dos partidos políticos. Por outro lado, a subsistência da organização, pois sem isso ficaríamos reféns da dependência e da fragilidade impostas pelas dificuldades financeiras.

Nesse período, eu foquei no *rap* como forma de expandir mais ainda nosso veículo de comunicação de maior alcance, e com a rádio universitária tínhamos tudo para fortalecer ainda mais a produção e difusão de novos talentos, o sonho era ter um selo próprio. Iniciamos lançando a primeira fita cassete coletânea de *rap* do Ceará, com grupos de Fortaleza e Maracanaú.

Como estratégia de visibilidade, focamos nas rodas de *break* na José de Alencar, onde mantínhamos uma agenda permanente de divulgação das ações e atividades, bem como se tornou o ponto de encontro do público do *Hip Hop* local e por lá passaram grandes nomes locais e nacionais do *rap*, sempre dialogando com outros elementos da cultura.

O show mostrou que tínhamos público e já era hora de lançar os bailes de *Hip Hop*, mas dessa vez ocupando um lado da cidade restrito à boemia e à classe média, a Praia de Iracema. Era a periferia invertendo a lógica e ocupando o centro.

O Teatro Boca Rica foi o espaço de entretenimento e gerador de finanças para poder bancar as ações que queríamos implementar do movimento. Os bailes também foram um estímulo para a cultura dos djs e um palco privilegiado para os grupos que surgiam às dezenas.

Através dos bailes mobilizamos centenas de jovens, isso sem ter as redes sociais que temos hoje, tudo resultado de uma estratégia que tinha a produção e valorização da cultura como fazer político e não como mera correia de transmissão de um pensamento político.

Nessa época, eu cruzei com um cara chamado Adalberto, presidente de uma organização que atuava na área rural e com meio ambiente, chamada Fundação CEPEMA.

Ele, apesar de estar num ambiente político, não queria nos pautar pela lógica que já tínhamos nos afastado do aparelhamento do movimento pela esquerda. Ele enxergava coisas fundamentais na nossa prática.

Eu o conheci quando estava havendo campanha política, e daí pediram nosso apoio. Eu mandei a conta, pois já estava cansado de todas as vezes que a esquerda chamava a gente para alguma coisa nunca pagava, mas quando tinha eventos maiores sempre eram chamados outros artistas e nós, os ditos artistas engajados, sempre éramos colocados para escanteio; detalhe, os artistas convidados sempre eram bem pagos.

Ele olhou a proposta e fez uma provocação, que nós éramos um movimento de massa, politizado, cheio de potencial e não precisava manter aquele tipo de relação de compra e venda.

Veio com a ideia inicial de autogestão, produção própria, coisas que eu tinha vislumbrado para o MCR, mas eram grandes as dificuldades de implementar essa ideia e cuidar do movimento ao mesmo tempo.

A partir daí, iniciamos uma aproximação que já caminha para quase vinte anos e resultou em muitas parcerias, entre projetos, intercâmbios internacionais para países da América Latina e da Europa, fortalecemos nossos vínculos com a Suécia e crescemos muito política, artística e socialmente.

Através dos projetos como Fala Favela, fizemos a TV CULTURA DE RUA e o CD Coletânea MCR; FAVELA POR CONTA PRÓPRIA, atingimos centenas de jovens e nos capacitamos para passos mais ousados.

A base do *Hip Hop* é formada por jovens, em sua maioria negros das favelas, que têm nessa cultura sua identidade e expressão, mas os projetos nossos visavam formar lideranças e, no fundo, mostrar para os próprios jovens que eles poderiam ser protagonistas das suas próprias mudanças.

O *Hip Hop*, aos poucos, se mostrou pequeno para as nossas buscas, e a cultura que era feita à época revelava muitos limites.

E olhe que, no MCR, tentamos criar uma organização de *Hip Hop* mais flexível, que valorizasse a produção artística como fazer político, que se parecesse mais um movimento cultural de favela do que um partido político, que começasse a pensar sua sustentabilidade e de seus membros para que, amanhã ou depois, não perdêssemos um grande talento da cultura para um balcão do comércio ou caixa de supermercado, para que pudéssemos produzir e viver da nossa arte.

Tudo isso nós fizemos, mas a favela era maior, os desafios mais complexos e o Hip Hopismo (que era uma concepção que tínhamos de que tudo devia girar em torno do *Hip Hop*) revelou muitas fragilidades e até incapacidade de somente o *Hip Hop* dar conta de superar os obstáculos que se apresentavam; em alguns casos, isso não ajudava a juventude a evoluir.

Precisávamos de algo que não abandonasse o *Hip Hop*, mas que fizesse dele janela para outras oportunidades, e que fosse além dele, que fosse na prática um projeto de poder para as favelas, e não somente um discurso, que foi importante num dado período, mas o mundo evolui e as coisas mudam. Queria que nossa causa se concretizasse em ações e não somente permanecesse em nossos planos, e o *Hip Hop* começava a perder mais sua essência de causa para se tornar um produto, uma mercadoria, um negócio. E não ia adiantar a gente ficar do outro lado da calçada, gritando que todo o mundo tava errado sem fazer concretamente o que achávamos correto.

Em 2003, cinco anos depois de criar o MCR, aparece então a oportunidade de qualificar nossas experiências de vida desde a quadra até o *Hip Hop* num movimento que organizasse nosso ódio e nossa revolta, que ampliasse espaços para encaminharmos nossas demandas, sem perder o protagonismo da nossa gente, e não fôssemos coadjuvantes da nossa própria história. É aí que eu conheço Celso Athayde e inicio uma caminhada de aprendizado e evolução na CUFA - Central Única das Favelas.

HIP-HOP
CULTURA DE RUA
RELANÇAMENTO HISTÓRICO

CULTURA DE RUA

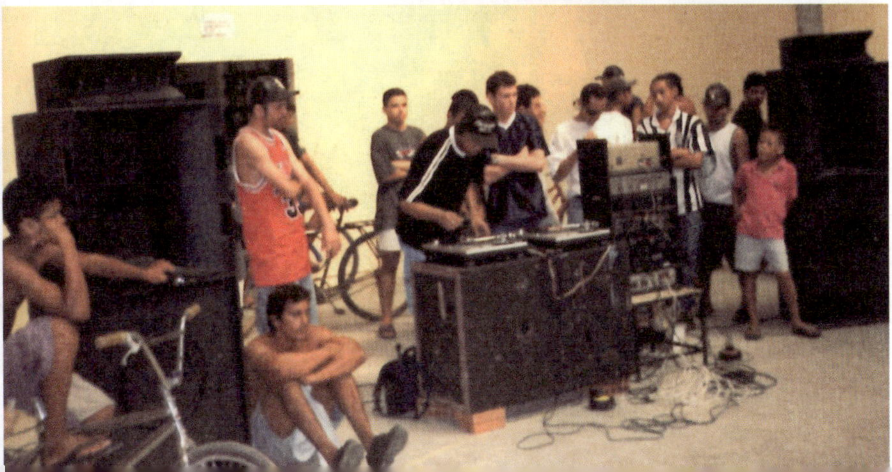

Tá Roxêda!

emicida

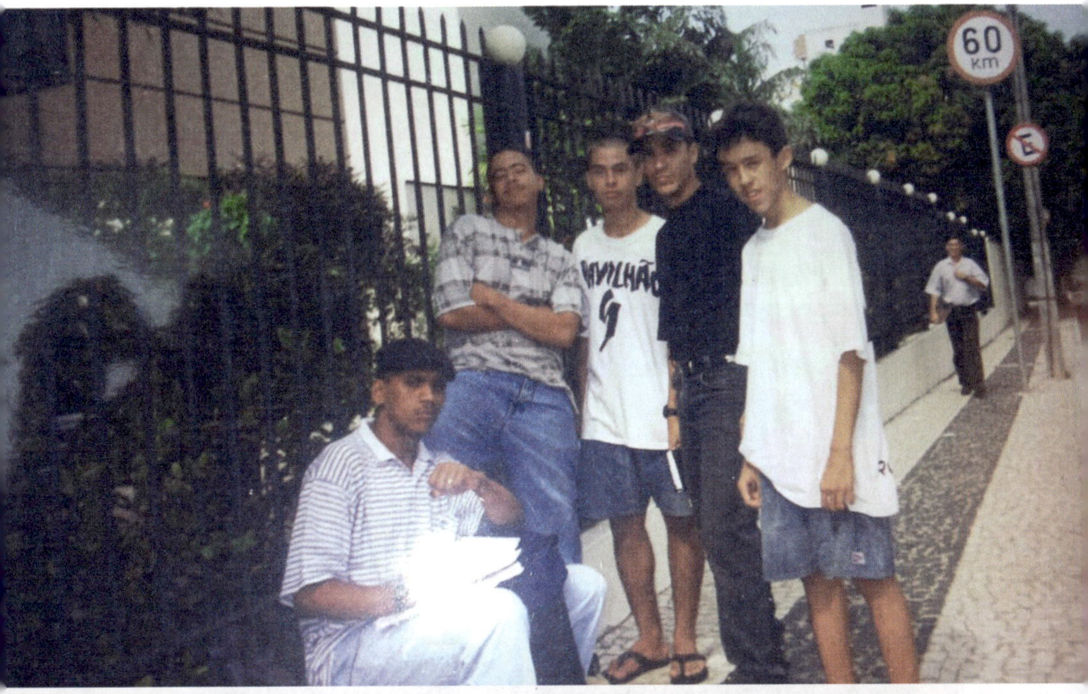
60
km

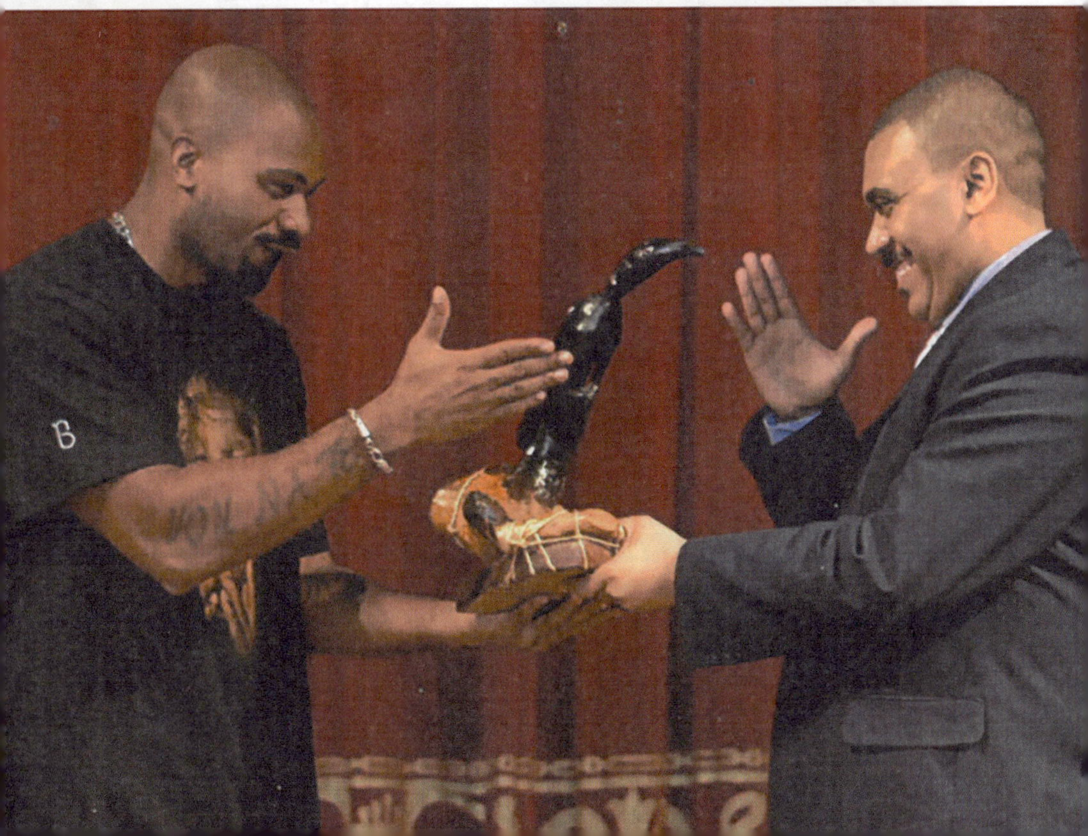

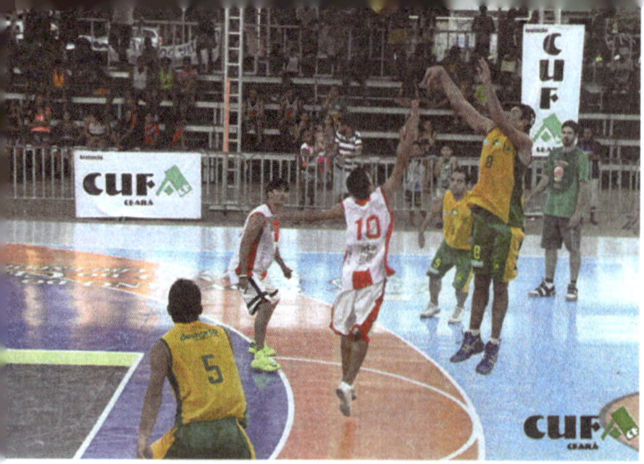
CUF
CEARÁ

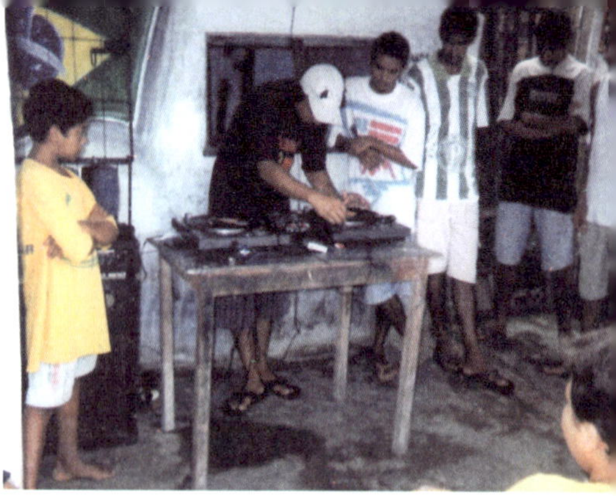

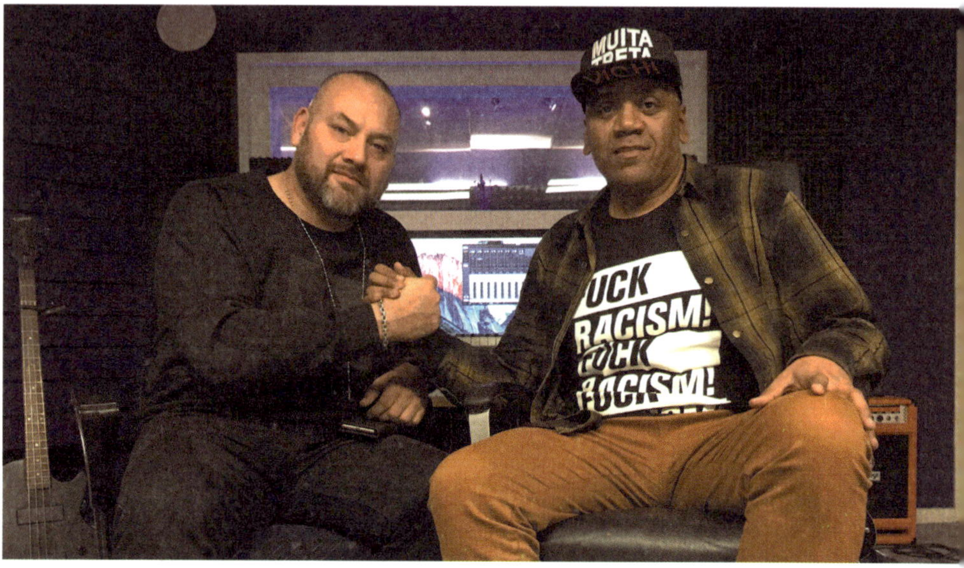
MUITA
UCK
RACISM!

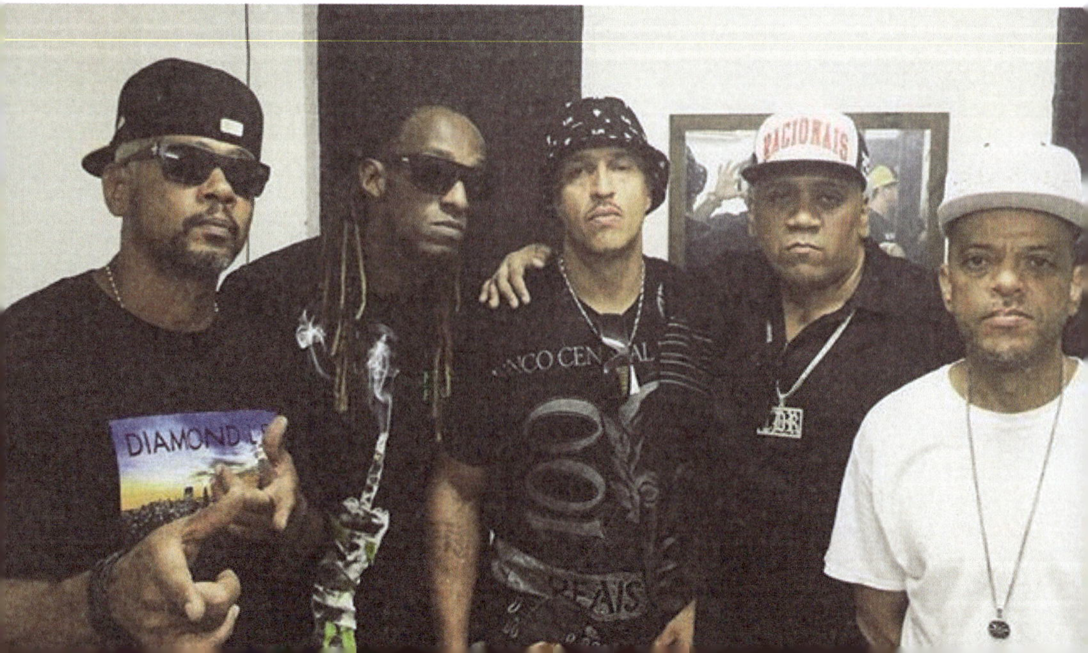
DIAMOND
RACIONAIS

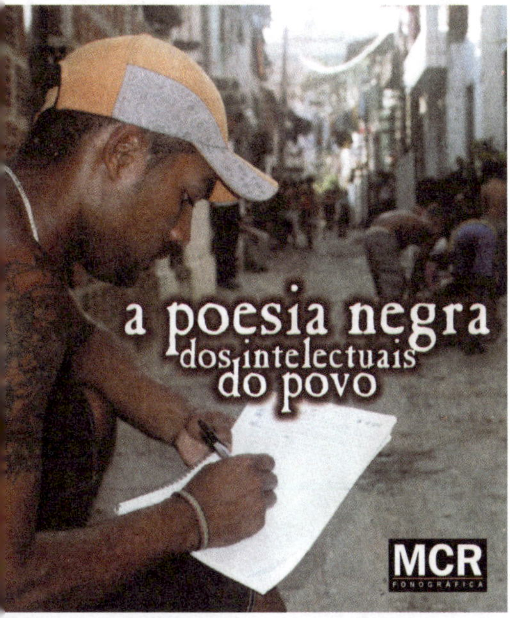
a poesia negra
dos intelectuais
do povo
MCR
FONOGRÁFICA

SELVA DE PEDRA
A Fortaleza Noiada
MCR
FONOGRAFICA

Poster 1

MCR & CUFA

Hip-hop no teatro Boca Rica
Lançamento da coletânea

a poesia negra dos intelectuais do povo

- Fabrício MC
- H23P
- Visão Crítica
- Superação
- Farol Rap
- PDR
- V.A. Volante de Atitude
- 288
- Munição Extinta
- Dapeste
- Revolta do Morro

SÁBADO 11 FEVEREIRO

Entrada R$6,00 (inteira) R$3,00 (Meia)

Nos Tocas Discos Ao Vivo:
Dj Doido, DJ Tartaruga
Dj Celio e Preto Zezé

Local: Rua Dragão do Mar, 260 P. de Iracema.
Horário: 22:00h
Informações: 32242597 88024836

Poster 2

MOV. HIP HOP CULTURA DE RUA APRESENTA:

FAMÍLIA GOG

CPI DA FAVELA
E+ FLAGRANTE (piauí)
VÍTIMAS DO PRECONCEITO
BRIGADA SONORA DE RUA

LOCAL: TEATRO BOCA RICA (PRAIA DE IRACEMA)
DATA: 04 DE AGOSTO APARTIR DAS 22:00Hs

INGRESSO: 5 CONTO (MEIA)   **INF:** 252 22 20

APOIO CULTURAL: SINTGRACE, Fundação CEPEMA, VELEIRO, OPUS 2522220, CUT, Florestan Fernandes, Terrazul, PRAIA HOTEL 262.226

Poster 3

O TEATRO BOCA RICA APRESENTA:

1ª FESTA HIP HOP BRONX

PARTICIPAÇÃO:

- COMUNIDADE DA RIMA
- MC RAP
- B. BOYS LA POSSE
- B.S.R.
- FORÇA DE RUA
- SERTÃO RAP
- VITIMAS DO PRECONCEITO
- ELEMENTOS SUSPEITOS

LOCAL: RUA DRAGÃO DO MAR (TEATRO BOCA RICA)
DATA: 8 DE ABRIL (SÁBADO) - A PARTIR DAS 21:00
INGRESSOS NO LOCAL R$3,00

MULHER NÃO PAGA

APOIO: method SKATÉmagazine, JOÃO ALFREDO, Vereadora Luizianne Lins

Poster 4

A CIDADE VAI TREMER AO SOM DO RAP CEARENSE

Lançamento da Coletânea

MCR FAVELA POR CONTA PRÓPRIA

BSR, Comparsas, Comunidade da Rima, Vítimas do Preconceito, Seqüela, CDV, Núcleo da Sociedade, Violenta Voz, Feminina Rima, B.O do Sistema

PARTICIPAÇÃO ESPECIAL

KL JAY (Racionais Mc's)

18 de Setembro as 19h

Teatro Boca Rica Rua Dragão do Mar

3 reais (1,50 meia)

APOIO: Darkness, Family Skate Shop, Opus Discos, CUT, AFBN, Sindiute, Deputado João Alfredo, FETRACE, Vereador Arim

REALIZAÇÃO: MCR Movimento Cultura de Rua, Fundação CEPEMA, Instituto TERRA

INFORMAÇÕES: 2238005 / 9119

2002

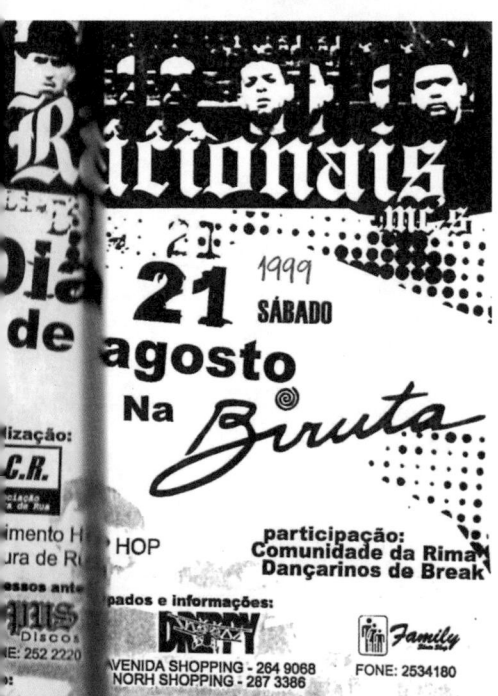

105

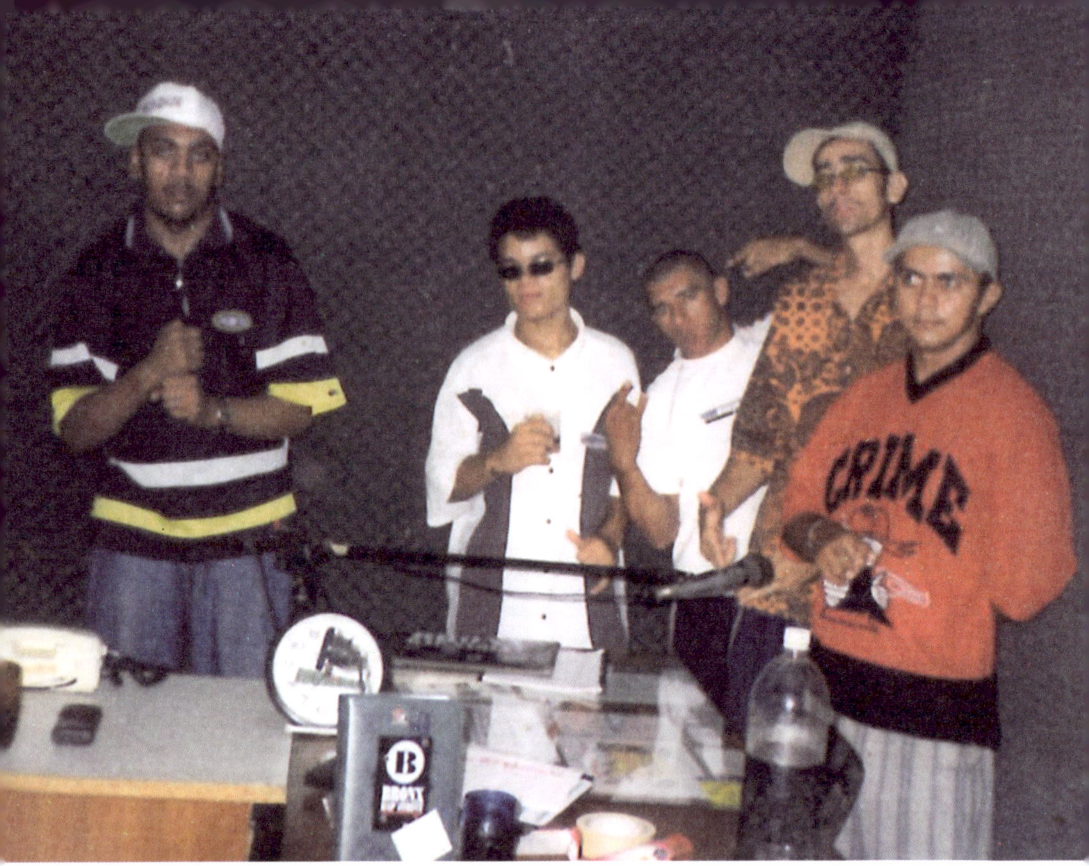
CRIME

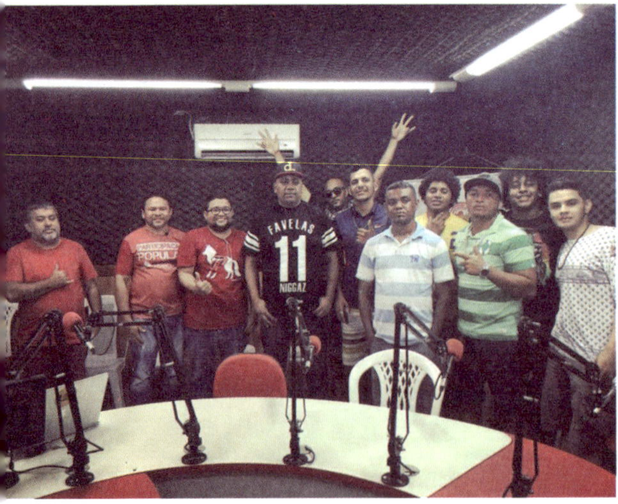
FAVELAS
11
NIGGAZ

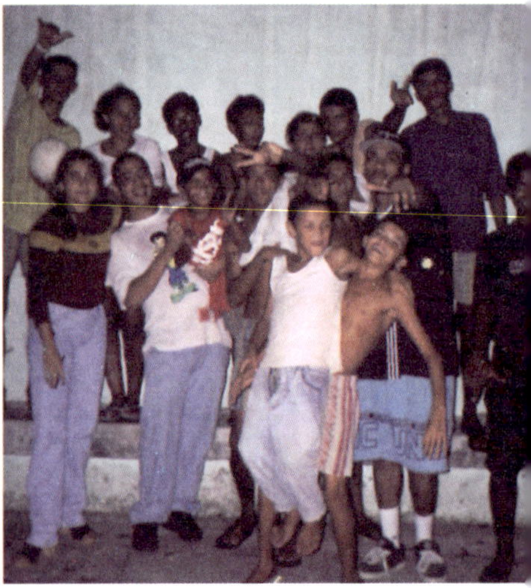

A CUFA: FAZENDO DO NOSSO JEITO

Sentia que faltava mais, queria mais, ir mais além do protesto, das denúncias e manifestações, e num desses embates, conheci Celso Athayde e me tornei o seu maior crítico.

Parte da crítica partia de preconceito e da cultura de esquerda em que fomos formados, na qual o diferente, o desconhecido, o outro devia ser combatido, excluído e eliminado, e muitas vezes isso ocorreu. Eu fui algumas vezes algoz e vítima destes processos. E hoje estes momentos me orientam e servem de bússola para eu tentar cometer o mínimo de injustiça possível.

O Celso Athayde, junto com MV Bill, foram criadores da CUFA. E Celso, com suas ações, projetou-se como nosso oposto, pelo menos na nossa leitura.

E falar da CUFA sem falar do Celso é impossível. A sua história de vida é facilmente encontrada. Por isso, vou me pautar aqui em alguns momentos que poucos conhecem.

Celso simbolizava o cara que queria vender o *Hip Hop*. Na década de 90, palavras como mercado, mídia, dinheiro, shows, sucesso, lucro, fama e afins eram amaldiçoadas, abominadas até do nosso vocabulário, e como nós nos considerávamos a vanguarda do *Hip Hop* militante, quem saísse da cartilha a gente, politicamente, atirava sem pena. E Celso fazia questão de ser o cara xingado e alvo das nossas críticas. Segundo ele, era a vez de ser xingado, pois já tinha xingado muito.

Nem lembro quantas vezes escrevi artigos e longos textos criticando o Celso, até que um certo dia, Celso esteve no Ceará. Eu lavava carros ainda na Assembleia, e ele veio para alguma reunião com a TV Verdes Mares (afiliada da Rede Globo em Fortaleza).

Depois foi à Assembleia realizar outra reunião e, com aquele jeito piranha (esperto, como dizem os cariocas), chegou junto de mim e puxou conversa enquanto devia esperar algum político.

Eu comecei a falar sobre ALCA, agrotóxicos, transgênicos etc (era o pau que rolava, e a gente já estava envolvido nas manifestações contra essa agenda neoliberal).

Segundo Celso, ele notou que, apesar da revolta, eu tinha conteúdo e uma necessidade de direcionar minha revolta. E me convidou para ser da CUFA, que na época só existia no Rio de Janeiro, Santa Catarina e Mato Grosso e, pelo que eu sabia, tava rolando um estresse grande porque o Celso tinha pilotado uma ação coordenada contra jovens empresários da área do entretenimento, como Calainho, Luciano Huck e Tutinha, só para citar alguns, que estavam realizando um evento chamado HIP HOP MANIFESTA, e segundo Celso, aquele evento era apropriação cultural do *Hip Hop* e ele e MV Bill à época se opuseram. Mais desse conflito pode ser encontrado na internet numa procura rápida no *Google*.

Celso fez uma mobilização tão pesada que um dos dias do evento foi cancelado, os produtores tiveram que devolver grana, alojar pessoas que tinham ido de outro estado, o prefeito veio fazer anúncio público na TV e, como é do feitio do Celso, tava armado o caô.

Houve à época um racha enorme no *Hip Hop* brasileiro, a ponto de grandes ícones do *rap* estarem em lados opostos, uns a favor e outros contra o MANIFESTA. Teve uma revista que postou o título de capa "*Hip Hop* Se Vendeu? E nela a jornalista Phydia de Athayde (ela não é parente do Celso) desnudava as divergências e posições a favor e contra o evento, que contava com a participação de 50 Cent e Snoop Dogg. Isso repercutiu e fez muito barulho e chamou minha atenção para olhar o Celso com outro olhar.

Depois, ele me convidou para fazer parte da FRENTE BRASILEIRA DE HIP HOP, onde reunimos os grandes nomes do HIP HOP.

Durante o processo de construção da Frente, Celso articulou a primeira comissão de Hip Hop a ser recebida por um chefe de Estado, quando o Presidente Lula, em março de 2003, recebeu uma comissão formada por nomes como Gog, Kl JAY, Preto Ghoez, Aliado G, Edi Rock, MV Bill, Nega Gizza. Só para citar alguns.

Em 2004, aceitei o convite do Celso para criar a CUFA Ceará. De lá pra cá, muita coisa mudou na minha vida e na de gente como Del do Lagamar, Pequeno do Barroso, Linda do Trilho, Fabrini, Daniela, Daniel Jogueiro do Santo Sátiro, Davi Favela do Pantanal, Franzé e Venícius em Sobral, Eduardo Baré do Acaracuzinho, Ernando e Rosa do Conjunto Ceará e tantos outros centenas de jovens que passaram por este corredor de realizações e aprendizado da CUFA.

Em 2012, assumi a presidência nacional da CUFA, que até então era ocupada pelo MV Bill, numa cerimônia super-representativa, prestigiada por empresários, artistas, políticos de vários partidos, gestores, diretor geral da Rede Globo e da afiliada local.

A CUFA já estava em todas as capitais do Brasil e em mais de trezentas cidades. Nossa experiência fazia eco em outros países, como Argentina, Venezuela, Colômbia e Chile. Articular e agregar forças e parceiros em terras brasileiras não era tão difícil, já organizar isso em outros países, tanto pelas condições econômicas e quanto pela distância, era um desafio.

Como estratégia para acolher e articular não somente a América Latina mas os países de outros continentes, em 2015 realizamos uma semana da CUFA em NY, onde em cerimônia na ONU fui empossado como presidente da CUFA GLOBAL, nosso braço internacional responsável por articular dezessete países que desenvolvem experiências de inclusão em territórios onde existem desigualdades sociais, com sede em Nova York.

Na CUFA, fui recrutado, melhorado e alçado a transitar em espaços onde levamos nossa agenda, com nosso discurso organizado, propondo sempre um diálogo entre a favela e o asfalto, com vistas a construir uma sociedade democrática, onde as oportunidades sejam distribuídas de maneira equilibrada.

Na CUFA, o aprendizado é diário e, depois de vinte anos, Celso Athayde deixou como legado a mais sofisticada escola de formação de jovens negros, oriundos das favelas, que superaram todo tipo de invisibilidade imposta aos moradores destes territórios.

Hoje são milhares de jovens impactados e formados pelas nossas ações. Em todo o território nacional se projetam lideranças e agendas positivas de territórios antes somente lembrados quando ocorriam tragédias e hoje figuram em páginas de esporte, cultura, entretenimento e até nas de economia.

A cada dia eu tenho uma surpresa e uma alegria de saber que a CUFA, ao apostar na formação de lideranças, de empoderá-las e, assim impactar vidas nos territórios, consegue fazer uma revolução democrática apresentando um Brasil informal ao Brasil formalizado.

Nosso objetivo central na CUFA é o fim das favelas, mas até que elas não acabem, vamos lutar de todas as formas, através de várias linguagens, ações e projetos, para torná-las locais melhores de se viver.

Acreditamos que só é possível uma revolução para superar nossos desafios, se as pessoas que passam por estes problemas forem protagonistas das mudanças, por isso nosso foco é formar lideranças nesses territórios invisíveis.

Apesar de todas as dificuldades e problemas que temos, existe outro contingente enorme de pessoas dispostas a colaborar com um mundo melhor. Menos dedos apontados e mais mãos estendidas para colaboração, mãos à obra.

Aprendi na CUFA que o nosso maior investimento é nas emoções; as nossas conquistas são tidas como conquistas da favela, e relatamos com orgulho e alegria, provando que na favela quando um vence, todos vencem, o sucesso de um é alegria de muitos. E onde a gente for, mesmo que sozinhos, estamos levando nossa história de vida e todos que participam dela, juntos.

A CUFA é mais que uma organização, é um sentimento, mesmo que um dia você saia da favela, ou more num lugar melhor que um barraco, como é o sonho de todo favelado, os aprendizados e os desafios superados nunca vão sair de dentro de você.

Quando se converte estigma em carisma, somos empoderados com uma carga de autoestima impossível de medir, que não cabe em planilha alguma de excel, que nenhuma régua consegue medir a sensação de potência de quem supera as dificuldades de uma vida dura, transformando-as em oportunidades, com orgulho e perseverança.

112

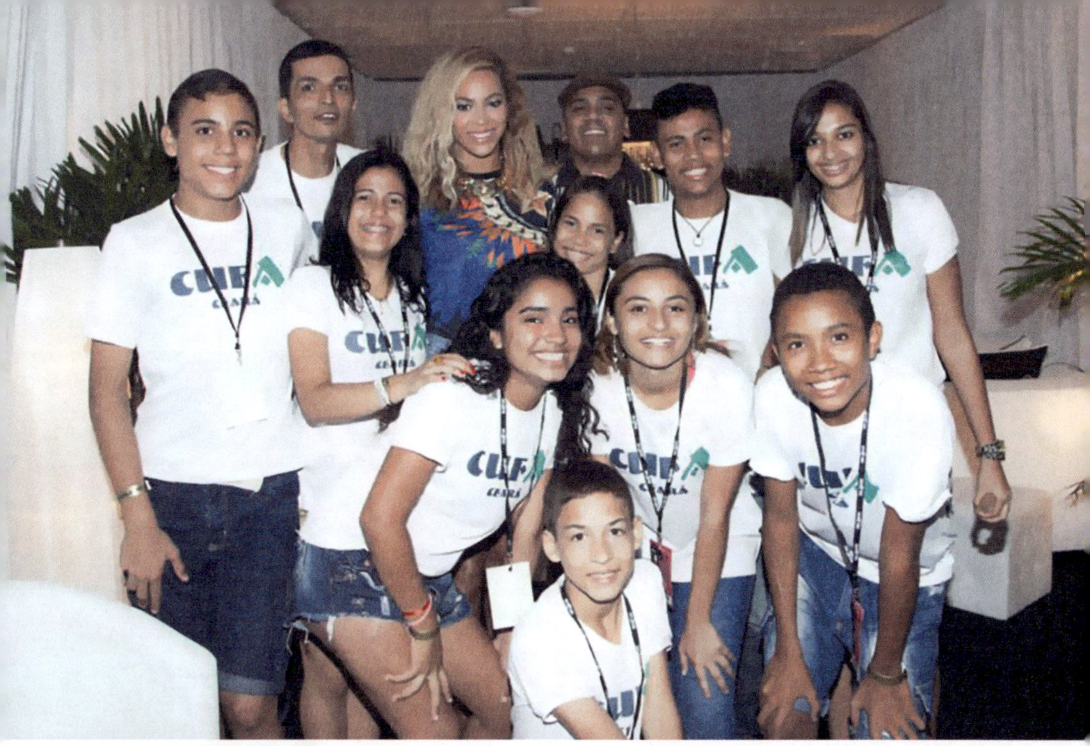
CUFA
CEARÁ

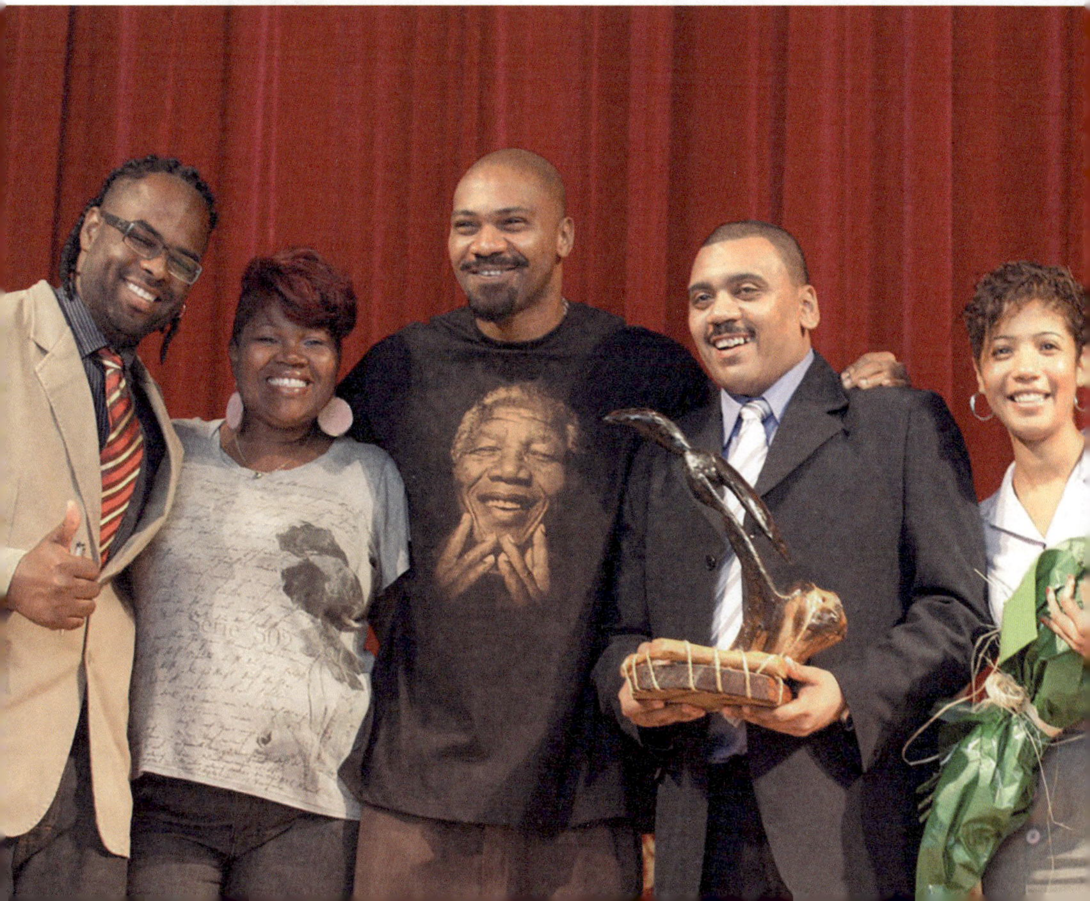

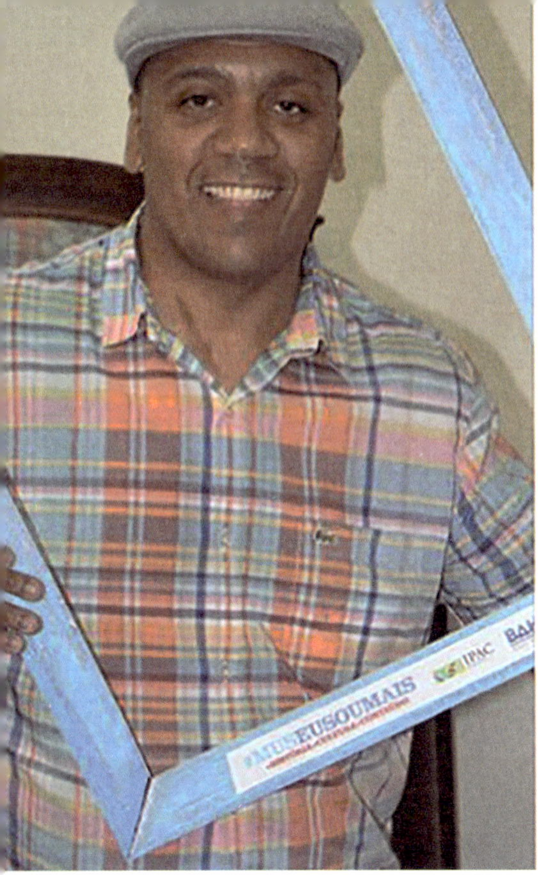
#MUSEUSOUMAIS
IPAC

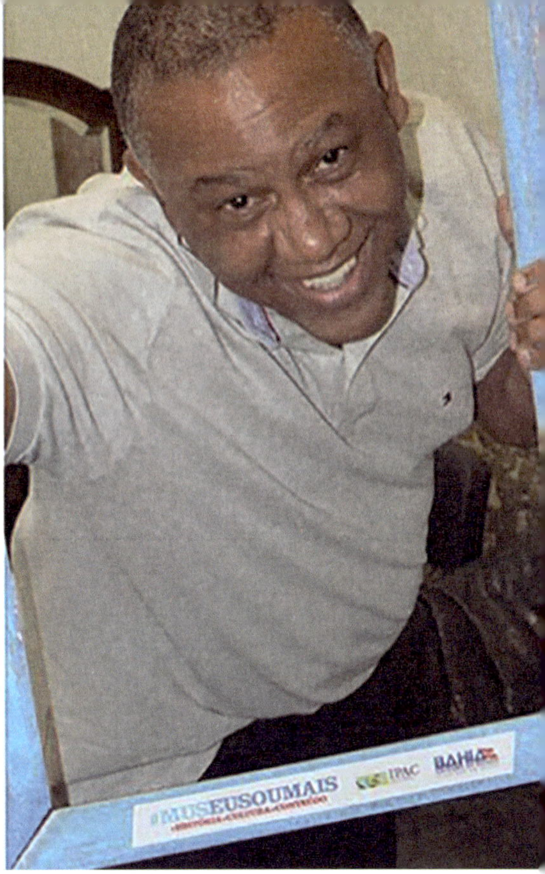
#MUSEUSOUMAIS
IPAC
BAHIA

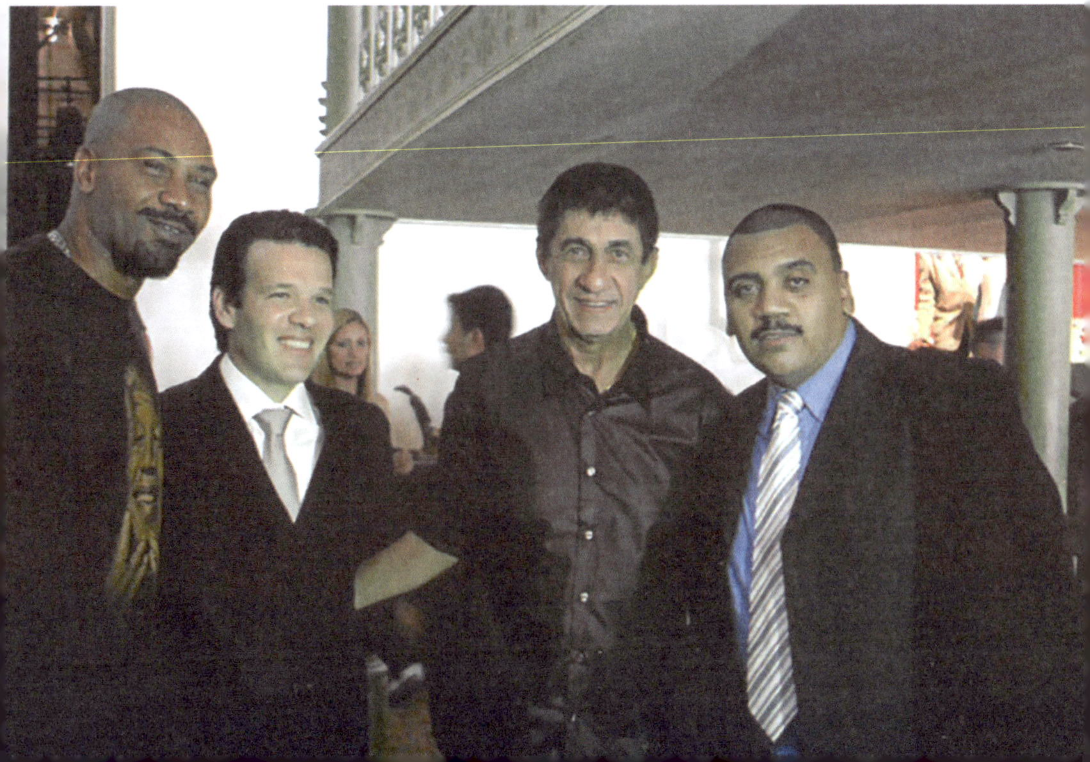

115

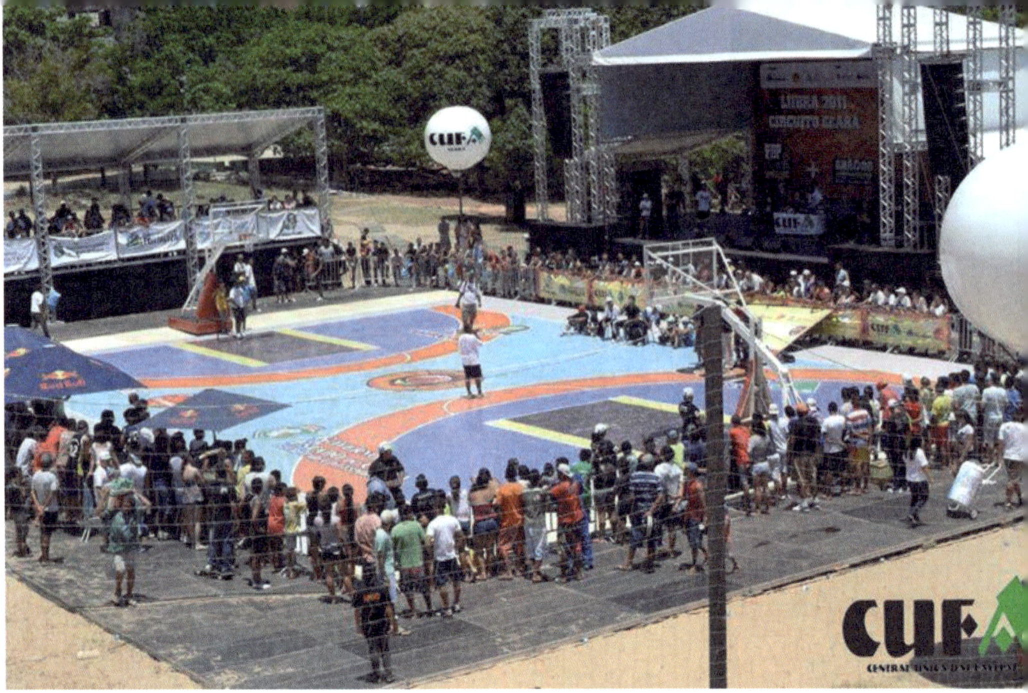
CUFA

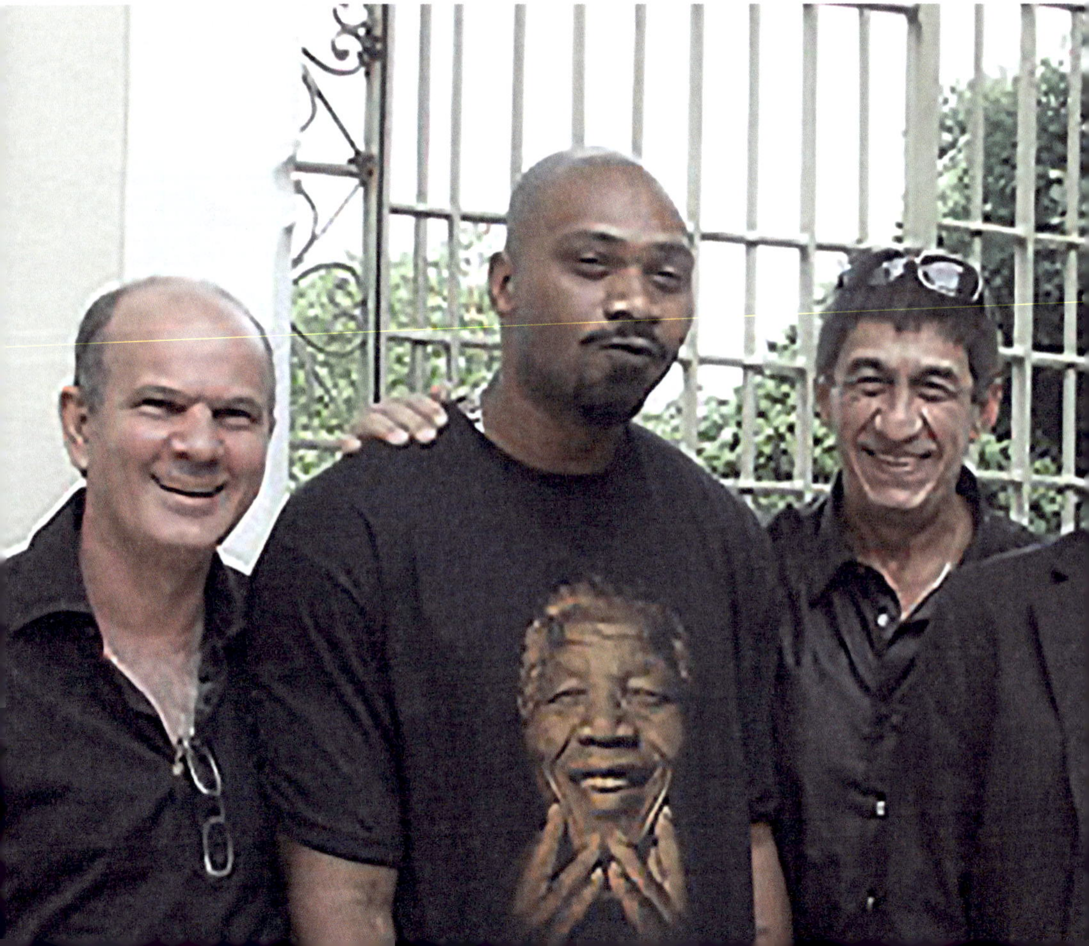

9 DE AGOSTO ÀS 16H

PALESTRA
EMPREENDORISMO SOCIAL
com Preto Zezé

Preto Zezé, nascido e criado nas Quadras, ex-lavador de carros, é músico, consultor de projetos sociais, produtor cultural, ativista, empreendedor e Presidente Nacional da Central Única das Favelas (Cufa). A cultura de rua, a vida urbana e as favelas do Brasil têm marcado sua trajetória de vida.

Foto: Hayanne Narlla

Apoio: RioMar Fortaleza

coworking WEEK 2016

Semana Global da CUFA New York 2015

September 18
04:30pm – 06:00pm

LAUNCH OF INTERNATIONAL CUFA
LANÇAMENTO DA CUFA INTERNACIONAL.

With the possession of Preto Zeze (Ceará) as Global President and Francislei Henrique (Minas Gerais) as President of Cufa Brasil.
Location: ECOSOC, sede da ONU, Nova York.

Com a posse de Preto Zezé (Ceará) como Presidente Global e de Francislei Henrique (Minas Gerais) como Presidente da Cufa Brasil.

CUFA GLOBAL

Preto Zezé   Francislei Henrique

CAMPO DO AMÉRICA: PRIMEIRO TEMPO DE JOGO

Madrugada de 15 de novembro de 2010.

Meio cansado do feriado, mas recompensado pela repercussão e avaliação positiva do público que assistiu ao programa Jogo Político do jornalista Fábio Campos, eu trocava tweets com outros que, assim como eu, são viciados pela ferramenta e teimavam em permanecer ali.

Fiquei impressionado, pois era um feriado prolongado e imaginei muita ressaca e falta de interesse pelas coisas que discutiríamos. Estava enganado, o ibope foi muito bom e fundamental para eu fazer o tema do leilão do Campo do América surfar na onda.

Cruzava dezenas de tweets tentando atender a todos e comentar alguns, quando, de repente, vi uma mensagem provocativa do amigo Joaquim Cartaxo, secretário das Cidades do Governo do Estado do Ceará, intimando a CUFA a entrar na luta contra o leilão do Campo do América, que estava para ocorrer em 15 dias. Tempo muito curto para o final de ano, em que as árvores de natal já começavam a acender suas luzes, grande parte dos gestores estava em viagem e a transição dos governos estava em curso.

Não restava muita coisa a fazer, a não ser tornar pública nossa divergência sobre o leilão e começar imediatamente a articular contatos para barrar o processo.

Permitam-me um aparte alongado para explicar aos desavisados e aos que moram fora de Fortaleza do que se trata.

O Campo do América é uma comunidade situada em um bairro de classe média-alta de Fortaleza, chamado Meireles.

As versões sobre o nome da comunidade variam, vão desde que ali, naquele território, existia um campo do time cearense do América, que acabou sendo propriedade do INSS devido às dívidas que o clube não pôde pagar, até uma que dizem que o campo tem esse nome porque o time do América jogou lá. Enfim, noutro momento traremos as outras versões. Até porque o tema em questão é o leilão.

Eram mais de duas da manhã quando observei no meu celular, que eu tinha deixado em modo silencioso, várias ligações não atendidas do meu parceiro Foca, amigo das épocas de ilicitudes na adolescência subversiva das Quadras. Hoje o Foca está bem, casado, é corretor de seguros autônomo, carro do ano, enfim, o homem venceu na vida, como dizem os mais velhos. Orgulho danado dele.

Ele me ligou vinte e três vezes. Confesso: pensei que já era pressão por causa do show do Odair José, que seria dia quatro de dezembro, lá nas Quadras. Nada disso, era desespero mesmo e notícia ruim se espalha rápido.

Os informes do leilão já tinham chegado à nossa área. Ele queria saber como eu podia ajudar, pois era o anúncio do fim de mais um dos poucos campinhos de terra em extinção.

Esperei amanhecer para ligar para algumas pessoas, mas aproveitei o ibope do programa do Fábio Campos e comprei o estresse. Saí tuitando para o máximo de pessoas/autoridades possíveis, questionando se essa atitude por parte de um órgão federal não estaria na contramão da política e discurso inclusivo do Governo Lula.

Passei a madrugada incendiando a rede, mas sempre com o cuidado de ir agregando e acumulando forças. Amanheceu e foi mais fogo na *net* e o tema já estava na rua e eu seguia agitando.

Recebi o primeiro contato através de uma DM (Mensagem Direta) do amigo e secretário de Esporte do Estado do Ceará, Ferruccio

Feitosa, que pediu um tempo para conversar e pediu que eu sossegasse, pois queria me mostrar algo.

Aceitei a proposta. Cessei fogo momentaneamente e, na noite do dia seguinte, procurei meus contatos no Campo do América.

Só me lembrei de uma pessoa, a Célia, que havia visitado nas idas e vindas em várias comunidades. Ela foi indicada por um velho amigo, que disse que ela era séria, tinha um trabalho bacana com crianças e podia assumir a CUFA naquela área.

Isso fazia uns quatro ou cinco anos, mesmo assim fui em sua captura para saber como isso estava chegando por lá, se era verdade ou mais um dos milhões de boatos que fazia a comunidade perder o sossego com essa novela de leilão do campo.

No espaço de tempo/distância que me separava do meu carro e da campainha, vieram milhões de doideiras, mas uma delas me marcou de maneira decisiva. Foi quando meus pais ainda moravam nos barracos da antiga Quadra, assim que veio a urbanização, agilizada pela Dona Luiza Távora, rolou um boato de remoção da Quadra.

Sei que muita gente ficou sem dormir, isso me fez sentir morador do Campo do América desde criancinha, tanto na identidade como na indignação de ver mais um território de gente simples ameaçado pela fome dos cifrões. Botei a camisa e fui para o jogo.

A Célia saiu com uma cara de poucos amigos, ela estava muito indignada. "Fumando numa quenga", como diz minha mãe.

Quando eu comentei que podíamos conversar com a prefeita, o governador, deputados, vereadores, imprensa, ela disparou cobras e lagartos contra todos. Motivos? Os mais fúteis possíveis.

Basicamente, a Célia se ressentia de uma herança de um Estado que tem uma relação deformada com as comunidades, que disfarça dominação com assistencialismo e paternalismo, que faz nossos direitos parecerem favores, que nos vê meramente como votos em época de eleição, impostos a serem cobrados e, na melhor das hipóteses, uma mão de obra desqualificada ou público-alvo de algum projeto de qualificação profissional sem futuro algum, só para cumprir tabela.

Eu entendia o drama dela, um dia foi o meu também. Deixei que ela desabafasse e destilasse seu ódio pela política. Ao mesmo tempo em que aumentava ainda mais minha responsabilidade ou quem sabe encurtava o caminho para eu desistir de tudo.

Andava meio cansado de me meter em disputas políticas nas favelas, quando vejo pobres se matando por partidos políticos que eles não dirigem, por candidatos(as) que eles não controlam e por mandatos que de fato eles não acessam, que lhes relegam, nas melhores das condições, à coadjuvação da sua própria história.

Mas como na infância já tinha convencido um cliente meu a lavar seu carro em plena neblina, não custava nada tentar fazer uma mediação daquele conflito da Dona Célia com o poder instituído e o mundo político; dessa vez sem promessas não cumpridas nem favores não realizados, mas com disposição de ser parceiro até o final dessa luta, ou melhor dizendo, jogo, já que falamos do campo.

Depois de cinquenta minutos de conversa, ela me falou de um projeto que existiu há três anos. Esse projeto tinha sido resultado de diálogo com a comunidade e o governo, que tinha outro projeto para o lugar, mas mesmo assim o povo escolheu a simplicidade do campo.

Isso gerou estranheza, pois ninguém entendia como a comunidade preferia um campo de futebol ao invés de um centro poliesportivo superbacana, mas como eu estava ali para mediar, construir pontes e não questionar a razão das coisas, prossegui o diálogo.

Encerrei a conversa, pois já tinha feito a mulher perder mais da metade da novela. Acordamos de eu sair dali com a função de refazer as pontes e retomar o diálogo.

Amanheci meio sonolento, pois nem dormi ansioso pelo encontro com o amigo Ferruccio. Confesso que estava apreensivo com o clima, pois a imprensa andava sedenta por alguma faísca entre governo e prefeitura e minha estratégia de agitar poderia ter consequências contrárias aos objetivos que buscava; já tinha visto um Titanic parecido. Sem falar que não sabia qual o nível de credibilidade que a Célia depositara na minha pessoa, como mediador desse encontro e retomada de diálogo com governo e prefeitura.

Ferruccio e eu ficamos amigos acidentalmente. Na verdade, nos esbarramos e nossa parceria vem tendo êxito e dando muito certo, extrapola a relação secretário e CUFA. Ele, como homem seguidor da palavra de Deus, sempre me fala que Deus tem um plano em nossas vidas, pois cruzou nossos caminhos de novo, em mais uma missão coletiva e de paz. Eu, como conhecedor, apesar de não seguir fielmente a palavra da Bíblia, sei o que isso significa saindo da boca de um crente.

Início da reunião. Ferruccio me mostrou a ilustração do projeto; coisa linda, limpo, simples, adaptado ao espaço da comunidade, dava para ver e sentir o dedo do povo desenrolando o formato do projeto.

Empolguei-me tanto que até postei no *Twitter* que queria um lá pra minha comunidade das Quadras. E vou querer mesmo, viu, secretário?

O negócio era simples, porém bonito, operacional, adaptado às vontades da comunidade e de fácil cuidado, ao estilo de ser do povo, que vê riquezas nas coisas simples. Talvez por isso não gaste parte de seus salários fazendo análise.

Fui direto, reto e pragmático: "Ferruccio, posso voltar na comunidade em missão de trazer os indignados ao terreno do diálogo em torno desse projeto que o governador já aprovou?" Ele me olhou nos olhos, pôs a mão no meu ombro e disse: "Vá e saiba que estamos juntos!"

Saí de lá às pressas, pois final de ano é negócio dispersante. Vem natal, viagem, *Réveillon*, isso e aquilo. O tempo corria contra mim e o leilão seria dia primeiro de dezembro, período em que os amigos que poderiam interferir de alguma forma estariam de férias com a família.

Peguei uma cópia do projeto no *pen drive*, juntei os companheiros de luta Del e Pequeno e desci para casa da Célia. Sabia que no fundo a sua descrença e indignação encobriam uma mulher preocupada e desmotivada; sabia que aquela reunião com Ferruccio ia mudar os rumos ou nos dar um bom argumento para suspender o diabo do leilão, já que tínhamos um projeto e o governo estadual ao nosso lado, isso confirmado não somente por esse projeto, mas pelo próprio secretário Arialdo Pinho, chefe da Casa Civil, que via *Twitter* nos parabenizou pela luta e disse que o governo estava junto para essa empreitada.

Saí da reunião com parte do argumento tanto para o governo federal refletir sobre o leilão, como para seduzir para o bom combate aquela mulher que se encontrava sem esperança no diálogo direto com o poder público, o que estava em jogo era mais que um campo.

Faltava fechar outra ponta, o município. Enviei a seguinte mensagem para o celular da prefeita: "Amiga Prefeita, vamos perder mais um espaço onde os pobres se reúnem para se divertir, sorrir, desopilar e se sentir parte dessa cidade apartada. Posso contar com você para essa luta que tem pouco tempo?"

A resposta dela foi um alento na alma: "Se depender da Prefeitura de Fortaleza, a comunidade pode ficar tranquila. Estamos juntos."

O relógio trabalhava contra nós, pois sabíamos que essa semana de quatro dias era fundamental, e mais, se chegasse a sexta-feira sem solução, a semana seguinte ia ser de sacrifício.

Nesse dia, o Jornal O Povo e o Diário do Nordeste entraram rasgando, ambos com matérias do Campo na capa. Isso me fez chegar à conclusão que realmente o tema estava no mundo, todos os veículos de comunicação acompanhavam o caso Campo do América.

Restava tomar dois cuidados básicos: direcionar e utilizar a pressão da mídia a nosso favor e articular politicamente sem se deixar pautar pelas disputas político-partidárias.

Segui para o Campo, pois tinha agora que fazer a Célia passar a ponte construída até a sala do secretário, no Estádio Castelão. Chegando à casa da Célia, ela me apresentou mais um personagem central dessa luta, seu marido, Gregório, homem amante do esporte e que articula meio mundo do futebol do subúrbio dessa cidade.

A Célia já estava mais simpática, convidou-nos para entrar e sentar; quem é de comunidade, sabe que o convite para entrar e sentar é como uma senha de aceitação, ela apresentou toda a família, os filhos, falou dos que estudavam, a neta, a nora, a filha que estava na Itália e até o simpático e obediente pitbull, que até hoje só entro na casa quando ele está trancado, apesar de toda a propaganda da sua meiguice e docilidade, lógico, *marketing* feito pelo dono do cachorro.

Demorei umas duas horas na casa da Célia, compartilhando o diálogo que tive com Ferruccio e garantindo que agora iríamos até o presidente se preciso fosse. Falei das nossas experiências. Del e Pequeno foram fundamentais na discussão. Habitam no Lagamar e no Barroso, áreas onde nem o estado social, nem o Estado democrático de direito deram as caras como rege a Constituição. Apesar disso, o estado policial está quase sempre presente e a visibilidade dada às suas comunidades é sempre negativa quando "lembrados" pela mídia.

Alertei para os cuidados com a mídia, que iria atrás deles nos próximos três dias, e com a política, para a gente não servir de trampolim ou bucha para outras questões.

O celular toca, era uma moça chamada Áurea, assessora do vereador do PT Guilherme Sampaio, que informa que vai passar a ligação para o vereador. Ele me diz que a prefeita conversou com ele, o SMS tinha surtido efeito, mal sabia eu que ele também já tinha acionado a prefeita via mensagem junto com o Acrísio Sena, para se articularem em torno do tema do Campo.

Ele queria saber do quadro e eu informei o dia previsto para o leilão; falei que o governo tinha um projeto fantástico, incorporando a comunidade, e pedi que o vereador ajudasse para não deixar as disputas políticas fazerem a comunidade sair prejudicada.

Ele, com a calma e atenção de um lorde, disse: "Zezé, vamos lutar juntos pelo bem comum da comunidade. É uma luta da cidade, não de um partido ou da prefeita ou do governador."

Para aumentar a pressão positiva, acionei o vereador Acrísio Sena, ex-líder da prefeita, dizendo que iria ter desgaste desnecessário com o governo federal. Indaguei: "Vamos evitar isso e dialogar?" Ele imediatamente respondeu: "Tô dentro, vinte e quatro horas de plantão."

Senti o time crescendo, a mídia aumentando a pressão, e para evitar o choque desnecessário com o governo federal, lembrei um amigo apresentado pelo Celso Athayde durante um evento na Cidade de Deus. Seu nome é Alexandre Padilha, que era ministro das Relações Institucionais da Presidência da República. Enviei uma DM para ele, que me atendeu muito bem e colocou o ministério à disposição, garantindo que nada seria feito em relação ao Campo sem antes passar pelo seu gabinete. Ufa! Tinha acabado de fechar o esquema tático do jogo, agora era esperar o desfecho.

A situação estava ocupando todas as atenções. A prefeita entra no jogo, Guilherme me liga, informando que partiria hoje do gabinete da prefeita Luizianne Lins, através do senador José Pimentel, um documento da Prefeitura Municipal de Fortaleza sinalizando interesse no terreno.

Pela lei, se não me engano, quando o município demonstrasse interesse pelo terreno, ele teria prioridade e o leilão seria suspenso.

Alguns setores da mídia plantaram a dúvida de que a prefeitura não conseguiria. Alguns parlamentares começavam a introduzir outros temas a partir da visibilidade do Campo; políticos começaram a pressionar por visibilidade e na comunidade sentimos o peso disso. Era o começo da pressão da arquibancada. Tudo dentro da normalidade de uma partida tensa.

Estávamos surfando no olho do furacão, e tome tensão e muita articulação para não deixar o trem descarrilhar e virar uma loucura incontrolável, ou tudo se transformaria em um carnaval de demandas que ia deixar o Campo em segundo plano.

Não podíamos deixar o Campo sair da mídia nem ir para o isolamento político, nem tão pouco deixar dispersar as atenções para a suspensão do leilão. A saída foi montar uma agenda positiva e continuar agitando o jogo, mantendo o foco na nossa luta, e domingo seria um dia de grande mobilização em prol do Campo do América.

Precisávamos de um mote agregador, simpático, alegre, sem ranço, até que certo dia no *Twitter*, o secretário de Planejamento do Estado, Reno Ximenes, parafraseando parte de uma música, jogou a ideia no meu colo: "O Campo é do Povo como o Céu é do Avião", já era! Estava ali o mote fantástico, mandei fazer as camisas com essa frase e o time agora estava uniformizado.

A essa altura, já pipocava o debate em todos os lugares. O jornal O Povo defendia o uso social do Campo nos seus editoriais, tomou partido mesmo! Blogueiros como Roberto Maciel e Eliomar de Lima dedicaram seus espaços nas colunas para pautar a agenda do Campo do América quase que diariamente.

Vi que tínhamos conseguido pautar o debate nos setores médios definidores das coisas em nossa cidade. Era hora de dar um xeque-mate que eu ainda não sabia como.

O ministro Padilha fez contato, dando ciência que o documento enviado pela prefeita já era do conhecimento do Planalto.

O amigo que o Celso Athayde me apresentou tava alinhado com a gente, fazendo o meio de campo, prefeita no ataque e o governador na defesa; tínhamos tudo para um grande clássico da cidade para todos contra a exclusão do povo e privatização de mais um espaço de uso público. Nessa altura, estava criada uma situação constrangedora para quem quisesse se aventurar a privatizar o espaço.

Na mais tumultuada e louca quinta-feira da minha vida, o vereador Guilherme nos levou para uma reunião com uma comissão da Câmara. Fomos Gregório, eu e Célia, que já não dormia mais desde que viu o projeto e voltou a sonhar com a suspensão do leilão.

Tava uma Babilônia geral de debates; ZEIS, Aquário, Plano Diretor, Copa 2014, Poço da Draga, Serviluz etc.

Todas as discussões importantes, pelo pouco que conheço da política, quem muito abraça, pouco aperta, vence quem agrega forças, dialoga e ocupa espaços; o foco agora era a Câmara de Vereadores, onde tínhamos apoio, mas não podíamos deixar o protagonismo se diluir nas milhares de agendas.

Apesar de concordarmos com a importância dos debates propostos, deixamos claro: queríamos suspender o leilão pelo diálogo e centrar todas as forças nisso. Depois veríamos o que vinha depois.

Alguns discordaram, mas como era o nosso que estava na reta e a dor de barriga era nossa também, agradecemos o carinho da Câmara, já que os vereadores se comprometeram a ajudar, e ficou marcada outra reunião para definir uma Audiência Pública.

Minha vida pirou, porque nessa quinta-feira tinha uma reunião importante com os parceiros do Sistema Verdes Mares e uma amiga empresária que decidiu cooperar com um projeto da CUFA. Precisava me concentrar para fazer uma boa reunião e depois seguir para o Campo do América. Era necessário analisar as repercussões da ida de Gregório e Célia na mídia e definir nossa posição.

Caso não cessasse o leilão nesta semana, cogitamos ir à Justiça. E quase fomos mesmo.

No meio da reunião no Sistema Verdes Mares, toca o telefone. Era Acrísio Sena me dizendo que a prefeita Luizianne iria para cima com o intuito de suspender o leilão e adquirir o terreno. E mais, informou que o documento havia sido aceito. Demorei a acreditar. Não sabia ao certo se era venda ou só pedido de reavaliação e cessão para o município. Cauteloso, hesitei em dar publicamente essa notícia.

Saí da reunião às pressas e me chegava uma informação bomba: o Superintendente Regional do INSS estava vindo à Fortaleza para dar uma coletiva na sexta-feira.

Na minha cabeça, das duas uma: ou a vaca foi pro brejo ou ele vem nos acalmar do pior.

Liguei para a Célia e para o Gregório e disse que nosso serviço de informação já descobriu o local onde ele estaria e deveríamos ir lá.

Passei na Asa Sul, fiz as camisas e parti para o hotel onde o superintendente estava hospedado e daria a tão esperada coletiva.

Liguei para Acrísio, para saber onde ele estava e se podia ir conosco, pois o vereador Guilherme já iria. Ele estava no centro da cidade. Eu disse: "Para tudo e vamos com a gente." Apesar de confiante no desfecho favorável, não custava nada levar alguém para chorar a tristeza de uma possível notícia ruim.

Chegamos à coletiva em cima da hora, a imprensa nos olhava surpresa, como se tivéssemos invadido o local. E tínhamos mesmo.

O superintendente anunciou a suspensão do leilão devido ao documento enviado pela prefeita ao INSS. Golaço, aos 44 do segundo tempo.

Como meia comemoração, decidi ir ao show do ABBA com amigos da Suécia que estavam por aqui e para fazer um agrado à digníssima Cynthia Studart.

Na chegada ao Mucuripe Club, enquanto esperava meu sogrão Zé Carlos, sentei-me à mesa de um ambulante e pedi uísque e Red Bull, para me manter aceso e não deixar a ressaca me lascar.

Quando estou me preparando para adentrar ao recinto festivo, chega uma caravana de carros e em um deles o governador do estado. Nem pensei duas vezes, e como Cid sempre foi um cara acessível e operacional, cheguei junto e rapidamente passei o quadro geral. Tentei ser bem sucinto porque apesar de ser governador, o homem foi lá para se divertir e não para despachar.

O caso era grave, ele prometeu que iria ao evento no campo, que apesar da futura ressaca da festa e de uma atividade familiar pela manhã, daria uma passada lá; trocamos apertos de mão e abraços, agradeci e desejei boa festa.

Domingo foi um dia espetacular e histórico na minha vida e na vida do Campo do América, era o Esporte na Minha Cidade, projeto que o secretário Ferruccio comandava e convidou a CUFA para ser parceira. Decidimos fazer um no Campo do América para engrossar o bonde dos que queriam o campo para o povo.

Era hora de medir a pressão e o impacto da ação e qual a nossa capacidade de agregação de apoios e articulação de parceiros, pois luta boa não é aquela que você prova o quanto é forte, luta boa é a que junta gente para ser forte ao nosso lado.

O nosso chamado foi atendido, pessoas de todas as classes, autoridades de todos os governos, secretários, deputados, vereadores, senador, e para fechar o time e a semana com chave de ouro, o governador do estado, Cid Ferreira Gomes, cumpriu sua promessa, apesar da ressaca que ele inclusive assumiu à imprensa presente, convidados e comunidade, e mais uma vez garantiu que estaria junto para o que fosse preciso.

Da enxurrada de solidariedade e do enxame de parceiros, apareceu o Emílio Moreno, um blogueiro compulsivo que convidei para trabalhar na criação de um *blog*; ele topou na hora e na semana seguinte lançamos o *blog* (www.campodoamerica.esp.br) e iniciamos um curso rápido com a comunidade para que ela própria produzisse sua versão dos fatos. Criamos um *Twitter* @campoamerica da comunidade, um Tumblr também e decidimos que esse seria nosso caminho para acompanhar passo a passo esse processo e dialogar com o novo mundo que nos cercava.

Na quarta-feira, ao chegar ao escritório da CUFA, toca o telefone, é a prefeita parabenizando os trabalhadores e trabalhadoras do Campo do América pela luta, informando que iria a Brasília na sexta, conversar com o superintendente do INSS para fechar os trâmites legais para aquisição do terreno e nos convidou para acompanhá-la.

Embarcamos na sexta, às 5h, eu, Célia, Gregório e o vereador Guilherme Sampaio. Chegamos em Brasília por volta das 10h, horário de verão. Recebidos como autoridades, carro oficial como manda o figurino. Mudaram o horário e agenda, a reunião que seria com o superintendente do INSS, agora seria com o ministro da Previdência. Nós quase pulamos de alegria, mas mantivemos a pose e a falsa calma.

Às 16h, lá estávamos nós, diretamente do Campo do América, para a Esplanada dos Ministérios. Sentados à mesa das grandes decisões, tudo como manda o figurino; a prefeita abriu a reunião, o ministro se antecipou dizendo que o terreno já era nosso e queria saber agora como faríamos para acelerar esse processo. A prefeita imediatamente acionou o procurador do município e seguiu com as formalidades e tratativas burocráticas exigidas.

Encerramos a reunião com uma foto coletiva com a camisa que utilizava o tema parafraseado pelo amigo secretário. Naquele momento, realmente "O Campo estava sendo do Povo, como o Céu é do Avião".

E foi assim nosso primeiro tempo.

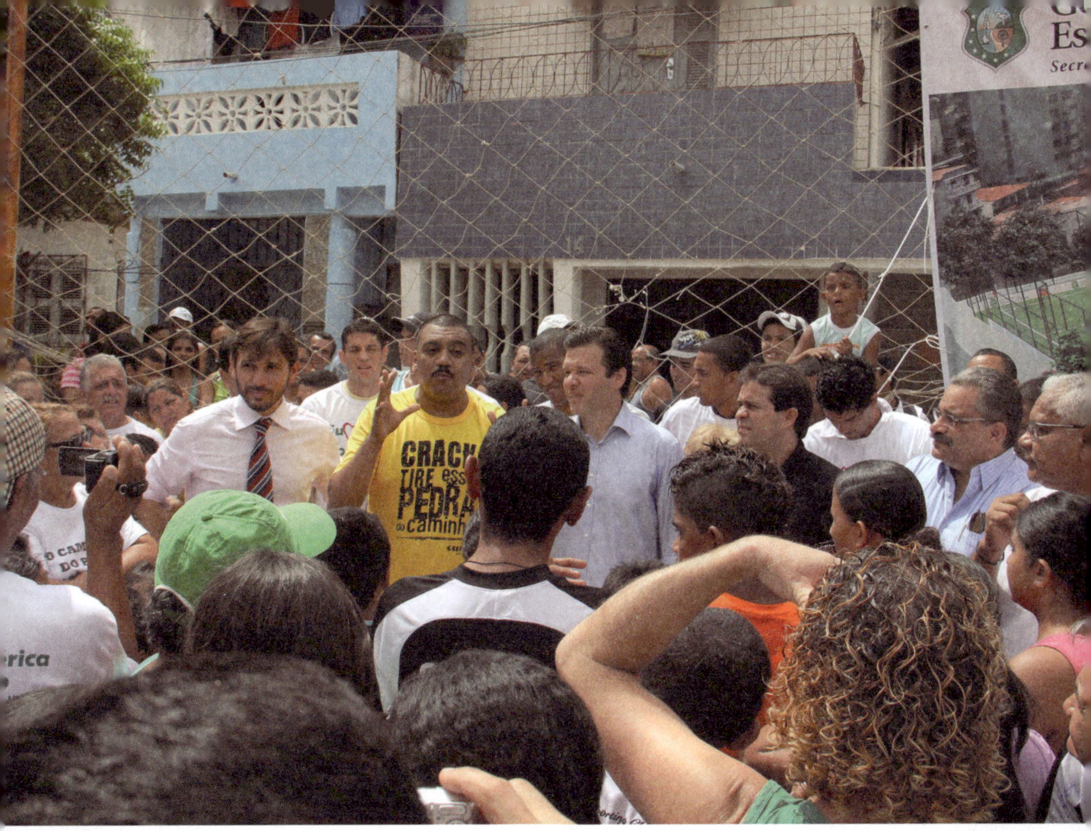

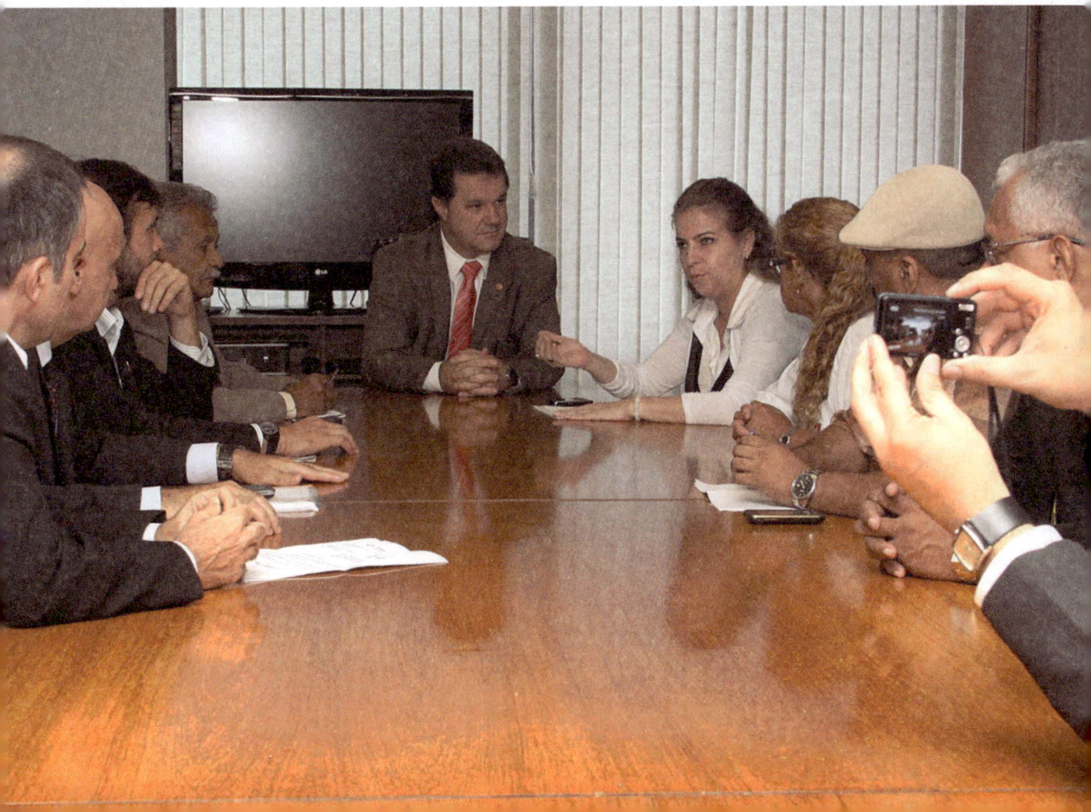

"O CAMPO É DO POVO, COMO O CÉU É DO AVIÃO."

Eu Campo
do América
"O CAMPO É
DO POVO,
COMO O CÉU
É DO AVIÃO."
"O CAMPO É
DO POVO,
COMO O CÉU
É DO AVIÃO."

CAMPO DO AMÉRICA: SEGUNDO TEMPO.

PRIMEIRO TEMPO de jogo, conseguimos derrubar o leilão do terreno, mas faltava agora o principal: a aquisição do terreno por parte do poder público e, consequentemente, a urbanização do espaço.

Para deixar o clima mais tenso e prolongar nossa angústia, veio o ano eleitoral e aí tudo para, sem falar que os grupos políticos antes aliados agora estavam em lados opostos e dependíamos do entendimento entre a prefeita e o governador para que o projeto saísse do papel.

O resultado da eleição foi a vitória do ex-presidente da Assembleia, Roberto Cláudio, que venceu no segundo turno o candidato ligado à prefeita Luizianne Lins, Elmano de Freitas.

A comunidade voltava a acreditar na pauta do Campo, as lideranças locais tinham passado todo o desgaste da derrubada do leilão, estávamos cansados para mais guerra e tínhamos que nos prevenir para as mudanças de gestão.

Nosso medo tinha fundamento no que víamos ano após ano, em que a descontinuidade das políticas gera grande descrédito da população no poder público, pois todo gestor quer "deixar a sua marca" e, assim, ao assumir, ou refaz o que de bom existia com outro nome ou simplesmente desfaz o que seu antecessor fez.

Prevendo isso, nós nos antecipamos e colocamos o Campo do América com parte das demandas centrais durante o evento que fizemos, chamado de Eventos Prefeituráveis da CUFA, onde recebemos os candidatos e ambos se comprometeram a apoiar o projeto do novo Campo do América.

Começava ali o segundo tempo, desta vez sem a burocracia, os caminhos tortuosos e demorados da máquina pública, a dificuldade de articularmos os vários atores políticos, já que prefeito e governador eram do mesmo campo político. Conseguimos deixar o campo de fora da guerra eleitoral que se aproximava e ter o prefeito recém-eleito comprometido com a finalização do processo.

Passada a eleição, numa inauguração da arena castelão, encontramos o prefeito Roberto Cláudio e ele foi direto ao assunto: "eleição passou, assim que iniciar a transição já indico alguém para dialogar com vocês sobre o Campo do América, podem ficar despreocupados."

Nessas alturas do campeonato, a comunidade já não acreditava mais na gente, muitos falavam que não ia dar em nada depois de tanto tempo, e em alguns momentos até nós mesmos chegamos a duvidar.

Não que a gente não acreditasse no que fazemos, mas eram as barreiras de toda ordem que surgiam semana a semana, questões políticas, interesses econômicos, políticos, malas querendo se aproveitar e surfar na onda, tirando a gente do processo e ainda o novo clima tenso da política local.

Como prefeito e governador agora eram do mesmo bloco político, e ambos foram superdecentes e atenciosos no trato, respiramos aliviados mas ainda tinha jogo para jogar.

Enviei uma mensagem ao prefeito informando que a comunidade estava tranquila e superconfiante na realização da obra. O prefeito sugeriu que ativássemos Brasília, pois tinha rolado a troca de ministros e era importante o quanto antes oficializar o processo de aquisição do campo entre o município e a União, representado pelo INSS. O prefeito também nos informou que os documentos que tratavam da urbanização do campo não haviam sido repassados na transição de uma gestão para outra.

Por sorte, encontrei a presidenta Dilma num evento em Brasília, segui a orientação do prefeito e fui para cima, apostando que as coisas iam sair rápidas, porque com a "Tia Dilma", como a gente da CUFA chamava carinhosamente a presidenta, as coisas eram agilizadas quando era para atender demanda nossa.

Ela soltou um sorrisão e disse: "vou pedir para o ministro ir ao Ceará e tratar disso pessoalmente com o prefeito." E foi isso que ocorreu.

O ministro veio a Fortaleza, foi até o campo, visitou a sede da Associação das Mulheres do Campo do América, junto com o prefeito, secretários, imprensa e moradores.

A questão agora era saber os trâmites da obra e os prazos, bem como a situação dos recursos financeiros.

Na nova escalação dos gestores, o prefeito Roberto Cláudio escalou para a Regional II o secretário Cláudio Nelson Brandão, um cara que faz jus à palavra servidor público. A gente sentia sua alegria em nos atender e servir ao público e suas demandas, ao contrário de uma mentalidade atrasada no serviço público que acha que o público é quem tem que lhe servir.

Perdi a conta de quantas vezes Cláudio Nelson nos chamou na secretaria, apresentou ideias para desenrolar os entraves e para nos deixar sempre a par de todos os passos relativos à obra.

Ele ia sempre à área conferir *in loco* o andamento dos trabalhos e nos atualizava toda semana. Quadros como o Cláudio Nelson fazem falta no serviço público, pois além de ser atencioso e prestativo, é um profissional qualificado e supereficiente. O camisa 9 do prefeito Roberto Cláudio em campo.

Cláudio Nelson nos apresentou todos os detalhes da obra. Informou que ela foi custeada pelo Tesouro Municipal, num valor total de R$ 998.291,00, e durou cerca de 130 dias, atendendo ao prazo estipulado para a entrega.

A pintura da parte externa deste equipamento público foi realizada através de grafitagem do parceiro Davi Favela, da CUFA CREW, com a participação dos próprios moradores da comunidade.

Durante o processo de construção, alguns políticos malas tentaram se apropriar daquela luta coletiva adotando a velha prática de comprar e pregar faixas agradecendo a si mesmos, como se fosse a comunidade. No favelês, se diz que quando o menino é bonito todo mundo quer ser o pai.

Mas o processo do campo foi muito forte e envolveu muitos atores e teve a comunidade de protagonista e testemunha; rapidinho alguém tirou a faixa e tocou fogo, deixando claro que nenhum mala se metesse mais a besta.

Estávamos em plena Copa do Mundo, inauguração da Arena Castelão, e o Gregório o tempo todo comentava que iríamos ter uma Areninha do Campo do América.

Pois foi esse nome mesmo que pegou e foi assim batizado o campo. Lembro bem que, no dia da inauguração, estavam todos os políticos cearenses lá, e sentado no palco, fiz questão de chamar Gregório e Célia na hora da minha fala.

Diante daquele cenário, ao ver a arena toda pronta, comentei em tom de brincadeira com o prefeito que eu já estava imaginando várias daquele modelo na periferia.

Ele piscou e riu, como quem diz: "aguarda a surpresa."

No final de sua fala sobre o processo de aquisição do terreno e de entrega da obra, o prefeito informou que iria fazer mais vinte areninhas nas comunidades de Fortaleza e informou os bairros.

Durante a feitura deste livro, Fortaleza já contava com 22 areninhas inauguradas e entregues à população. Sendo elas: Campo do América (Projeto Modelo - Meireles), Thauzer Parente (Quintino Cunha), Genibaú (Campo do Sevilha), Campo do Pici (CSU César Cals), Pirambu, Vila União, Aracapé, Conjunto Ceará (Polo de Lazer),

Sítio São João, Barra do Ceará (Campo do Grêmio), Rodolfo Teófilo (Campo do Novo Ideal), Campo do Barroso, Sargento Hermínio, Beira-Rio, José Walter, Parque Dois Irmãos, Conjunto Esperança, Praia do Futuro I (Serviluz), Praia do Futuro II (Caça e Pesca), São Bernardo (Messejana), Planalto Ayrton Senna e Grande Bom Jardim (Granja Lisboa).

Areninhas são campos de futebol urbanizados e requalificados pela Prefeitura de Fortaleza, localizados em bairros com alto índice de vulnerabilidade social e baixo Índice de Desenvolvimento Humano (IDH). O projeto possui o objetivo de oferecer para a população equipamentos esportivos de qualidade, onde a comunidade possa, além de praticar atividade física, ter um espaço seguro de convivência, lazer e formação cidadã.

Cada Areninha contém gramado sintético, bancos de reserva, arquibancadas, redes de proteção, alambrados, vestiários, depósito para materiais esportivos, iluminação, paisagismo, pavimentação e rampa de acesso para cadeirantes.

Além do campo de futebol, as novas Areninhas contam com parque infantil e academia ao ar livre.

Também como parte da política municipal de valorização e incentivo à prática esportiva, nas Areninhas são implantados núcleos esportivos da Secretaria de Esporte e Lazer (Secel), com aulas gratuitas de futebol para crianças e adolescentes. As aulas acontecem três vezes por semana e utilizam o esporte como ferramenta de inclusão social e construção da cidadania.

Nosso desafio agora era fazer a Areninha rodar, fazer com que a comunidade entendesse que esse equipamento era seu, pois reina no senso comum que o público é de ninguém.

Nossa ideia era criar um conselho gestor, formado não somente pela massa jogueira, mas por todos os grupos organizados da comunidade, para que eles mesmos fossem responsáveis pela gestão e zelo do equipamento. E assim foi aceito pela prefeitura e implementado.

O secretário Márcio Lopes foi pessoalmente ao campo, reunir a comunidade e elaborar, a várias mãos, o calendário de uso, o plano de gestão e o processo eleitoral do conselho gestor.

Com tudo no ponto, era hora de nos retirarmos do processo, pois acreditávamos que nossa colaboração já tinha sido dada, ou seja, inspirar o poder público com ações de impacto social para que ele incorpore e torne política pública e possibilite a formação de lideranças capazes de protagonizar os seus processos de mudanças.

Lógico que tudo era obrigação do poder público, não foi nenhum favor, mas vale ressaltar a sensibilidade e visão estratégica do prefeito Roberto Cláudio, pois as Areninhas, para além do esporte, dão vida, melhoram a saúde, a economia, a vivência comunitária e tornam Fortaleza melhor.

Politicamente, as Areninhas ganharam tanta força que derrotaram discursos que reduziam as questões sociais a caso de polícia, tiveram a atenção especial do governo do estado; o governador Camilo Santana, que decidiu abraçar e expandir o projeto das Areninhas para o interior do estado.

Passamos três anos de altos e baixos, de idas e vindas aos gabinetes, de avanços e recuos, de noites em claro. Lembro bem que, nas conversas com Célia (Associação das Mulheres do Campo do América) e Gregório (Liga Desportiva do Campo do América), não foram poucas as vezes que pensamos em desistir, mas quando olhávamos para o chão de terra batida, encravado em meio a um dos bairros mais ricos da cidade de Fortaleza, as energias para lutar por aquele sonho tomava força e a luta se renovava.

Desse episódio de luta por direito à cidade, ficaram algumas lições que faço questão de destacar:

1 A importância de manter o diálogo institucional com as mais diversas esferas do poder, pois quem vive na comunidade, quem necessita de políticas públicas, quem busca ampliar as ações do poder público, precisa ter o diálogo como eixo principal de decisão, independente do partido ou grupo político que esteja no poder. A sociedade precisa ter sua própria agenda. Políticos passam, nossa luta diária permanece.

2. Pautar o poder público com nossa demanda sem se deixar pautar e/ou aparelhar pelos grupos políticos, mas fazendo-os entender que uma sociedade democrática e justa passa pelo respeito ao protagonismo daqueles e daquelas que vivenciam os problemas e são agentes multiplicadores fundamentais das soluções e transformação das realidades que são apresentadas. Com a parceria de outros órgãos importantes, como a imprensa e setores formadores de opinião.

3. Ter conhecimento da engrenagem da máquina pública por dentro, as suas dificuldades, as contradições e dificuldades de diálogo entre as políticas e da necessidade da sociedade cada vez mais se qualificar para participar e atuar na elaboração e no acompanhamento das políticas públicas, gerando um ganho enorme na compreensão da comunidade sobre a estrutura do poder público municipal, estadual e federal.

4. Do ponto de vista da visibilidade, conseguimos pautar o CAMPO DO AMÉRICA para além das páginas policiais, fazendo com que a sociedade, em seus mais diversos setores, tomasse conhecimento de uma causa que, apesar de diretamente interessar aos moradores do entorno pela sua localização, impactava social, cultural e politicamente na vida de toda a cidade.

5. Do ponto de vista do aprendizado político, os empoderamentos por parte dos atores da comunidade durante esses longos, duros e burocráticos anos permitiram a construção de um aprendizado enorme sobre como o Estado brasileiro precisa se refazer para servir de maneira rápida, prática e a favor da maioria da população.

Só nós, que abraçamos a causa, sabemos das dificuldades e dos desafios que enfrentamos, mas também sabemos que, sem os parceiros agregados durante todo o processo, seria impossível prosseguir, porque ninguém vence sozinho.

A todos que somaram forças por uma cidade melhor, deixamos o nosso muito obrigado. Essa vitória pertence a todos nós. Ela deve ser comemorada com alegria e orgulho.

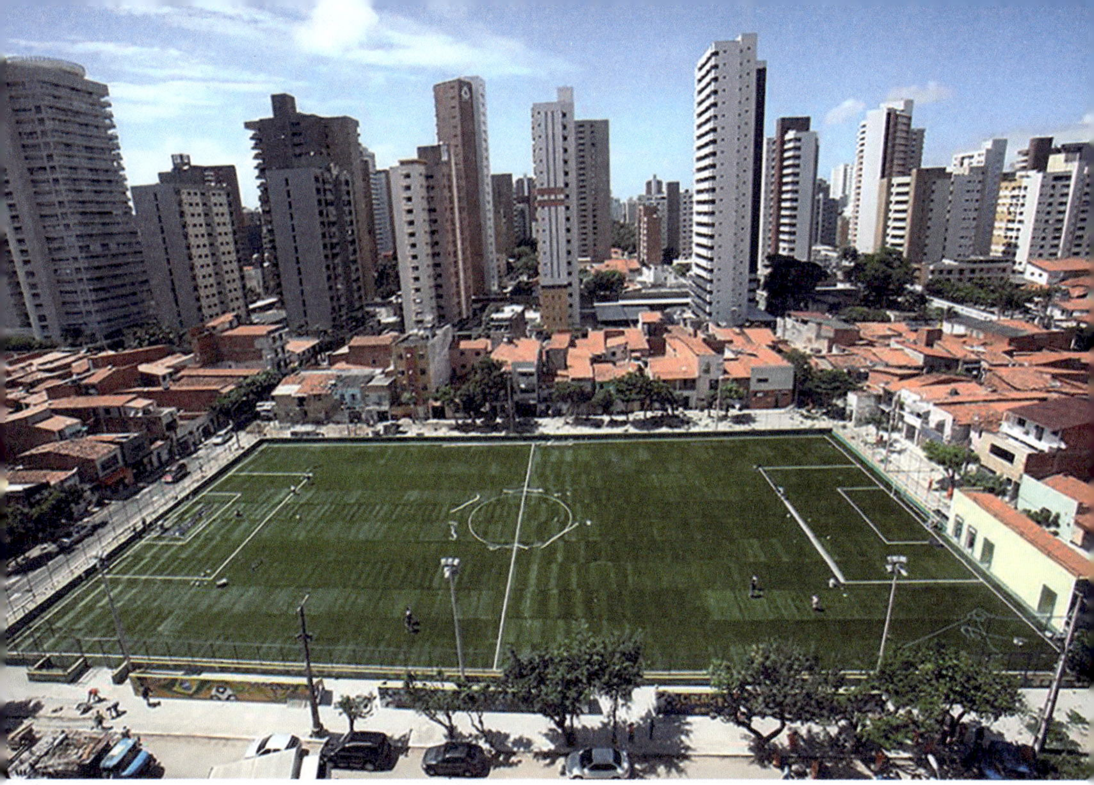

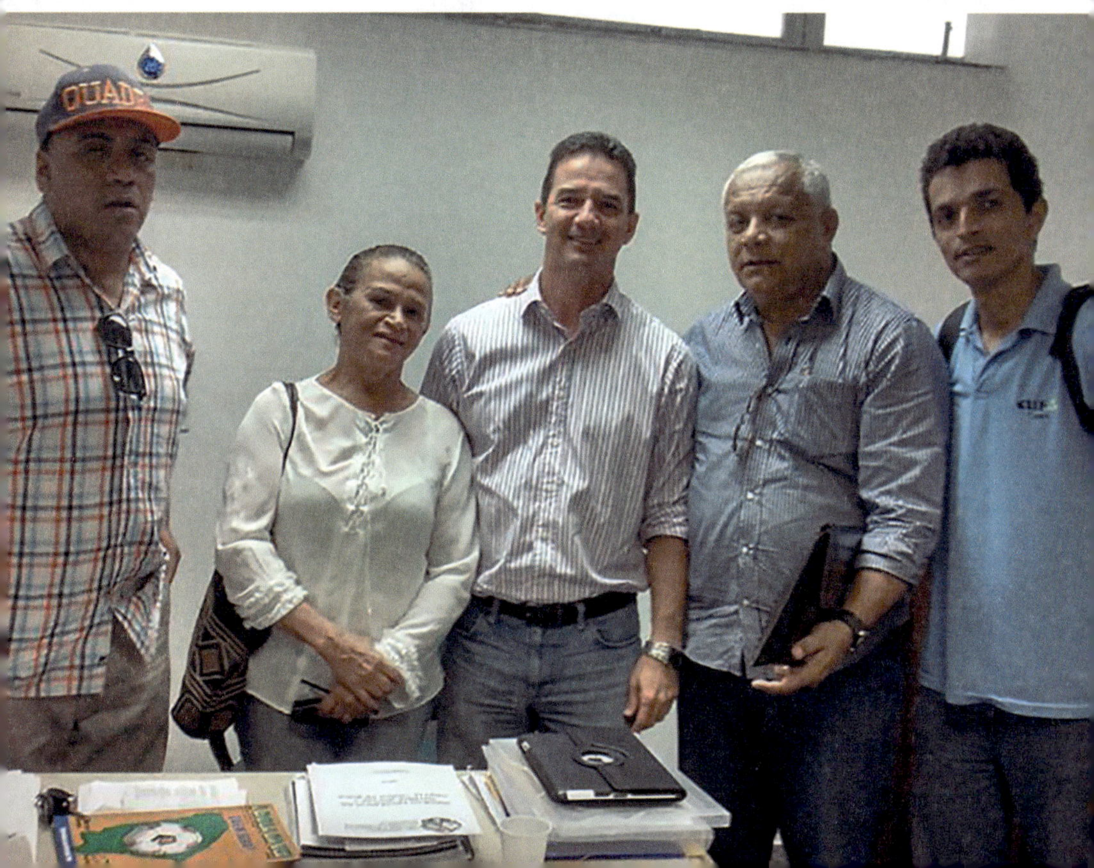

Areninha
ITAPIPOCA

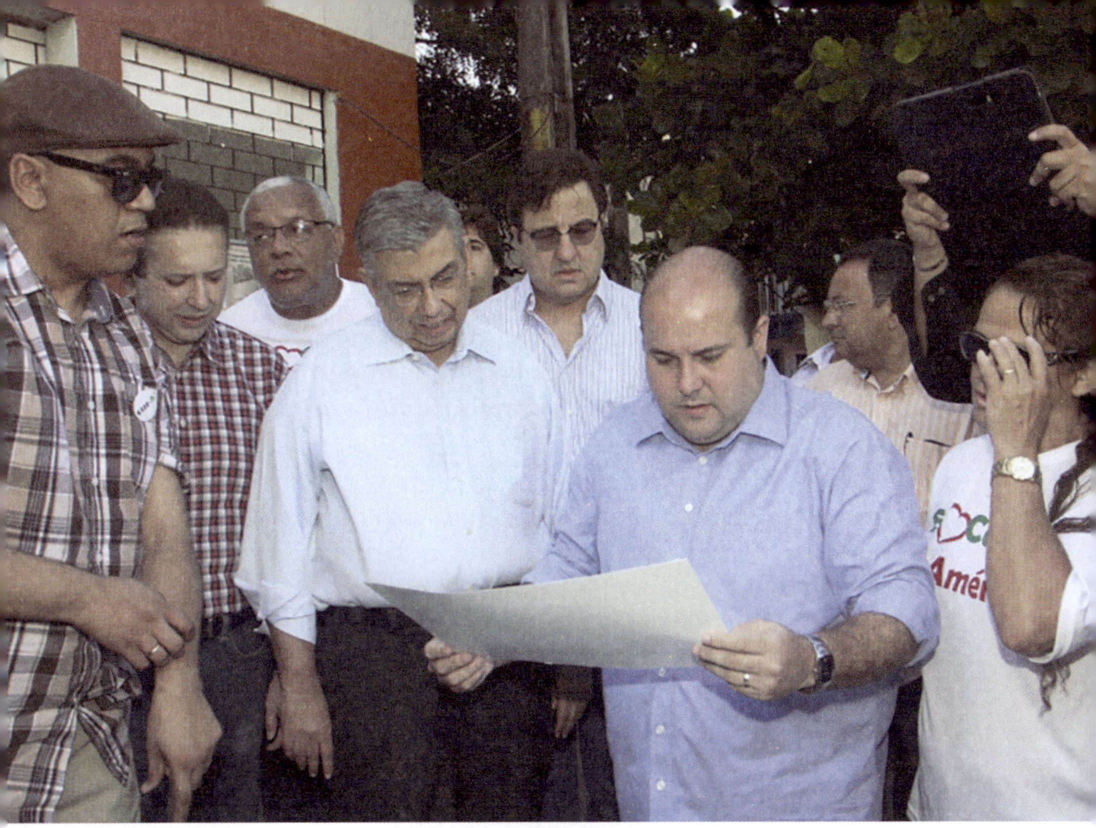

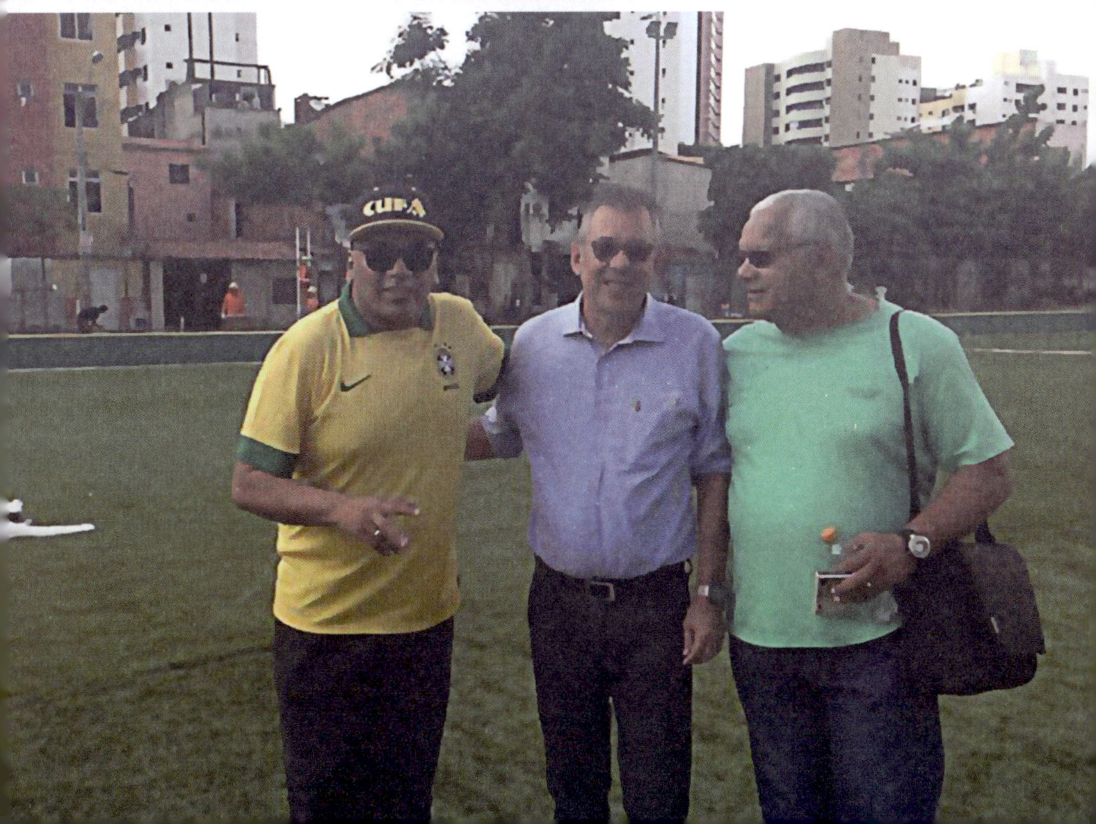
CUFA

A NOITE MAIS LINDA DO MUNDO!

Noite de novembro 2010, estávamos em meio ao olho do furacão da luta pela derrubada do leilão do Campo do América, tudo acontecendo ao mesmo tempo, muita indefinição e tensão para todo lado.

Sem falar na guerra das ruas que estava explodindo aos arredores das Quadras, e isso estava deixando a situação mais frenética ainda. E a conta negativa caindo no colo das Quadras, como sempre, o que nos desafiava a todo o momento a converter esse estigma em carisma, a desconstruir essa imagem criada a partir de uma generalização e discriminação sobre nosso território que vem de longas datas.

Na CUFA, temos como princípio, em todo o país, realizar processos de agendas positivas em áreas invisíveis socialmente, ou que por algum motivo carreguem a marca da violência e do medo como suas etiquetas mais visíveis.

Realizamos, país afora, ações que buscam pautar um outro olhar sobre estes territórios, agregar capital do asfalto num diálogo de igual para igual, costurar colaborações que aproveitem esses eventos pontuais em ações permanentes e toda a atmosfera de tensão e medo parecia nos instigar a entrar no miolo e realizar.

Paginando um livro chamado "EU NÃO SOU CACHORRO, NÃO", conheci a história de um cara de quem eu viria a me tornar amigo, fã e sócio de alguns *businesses*. Seu nome: Odair José.

A história do livro era pura sintonia com nossas ações, no sentido de sair do estereótipo de carentes e desqualificados para potentes e em constante movimentação.

A tese do baiano de Vitória da Conquista, jornalista e historiador Paulo César de Araújo é ousada e em sintonia com as práticas e atuações da CUFA de não aceitar ser coadjuvante da nossa própria história.

Peço licença para fazer um breve *marketing* do livro e, qualquer dia, o Paulo César me paga esse *merchand* em alguma mesa do bar da vida.

No livro, ele defende que artistas como Odair José, Agnaldo Timóteo e Waldik Soriano foram os caras que bateram de frente com a ditadura militar.

Os ídolos da música brega foram os artistas que deram "balão" na censura da repressão e conseguiram levar suas mensagens a públicos muito maiores e diversos do que João Gilberto, Gilberto Gil, Chico Buarque, Caetano Veloso e outros que ficaram como ícones mais visíveis de enfrentamento ao regime de exceção.

Esses nomes da música brega, segundo Paulo César, são sempre lembrados como piada no imaginário do alto *staff* cultural, mas que venderam milhões de cópias e encheram de emoção os corações de milhares de pessoas totalmente *offline* dos comentários das *socialites* das colunas sociais, das citações nos cadernos super *cult* bacaninha de cultura, por fora e longe das baladas universitárias.

Esse time de renegados tocou o local mais sagrado que um artista pode e quer estar na memória afetiva: o coração do povo brasileiro. Pronto, tá bom de propaganda, vão comprar o livro se quiserem, de fato, conhecer. Vale muito a pena. #DicaDoPreto.

Depois de tomar conhecimento da história de Odair José, eu me apaixonei pela trajetória, pelos dramas, pela caminhada e pelo simbolismo e significado. Daí não me restava outra opção a não ser ir até o show do cabra, mais conhecido como "homem da pílula".

Por ironia do destino, no mês de novembro Odair José faria um show num clube de classe média da cidade. Localizei o produtor e lá fui eu, na missão de convidar o músico para um show nas Quadras.

O nome do produtor era Machadinho, um cara bigodudo, baixinho e de um astral incomparável, que não se intimidava com os desafios que a vida lhe impusesse (quem o conhece, sabe do que estou falando).

Ele me recebeu com uma alegria sem igual, fui super bem tratado, senti ali que seria um bom negócio e valeu a minha ida até o local.

Passados uns trinta minutos, chega Odair ao camarim. Machadinho me localiza no canto do recinto para esperar passar o burburinho da entrada do homem e me apresentar.

De repente eu estava ali, diante do mito, da lenda, do *thundercat* Odair José; minha primeira impressão era sobre como ele estava bem, enxutão.

Na favela, tem um termo chamado conservado, eu queria aplicar, mas estava meio cabreiro de ser inconveniente e confesso que, às vezes, na minha emoção, eu acabo sendo, mas não é de maldade não, gente, é só empolgação mesmo. Sempre me policio para não extrapolar no excesso de intimidade.

Odair, com bom humor e com voz sempre num tom médio de volume, respondeu ao meu comentário com uma piada: "Eu ainda estou inteiro e vivo". Aí, eu aproveitei a "porta aberta" e entrei com o meu comentário: "macho, tu tá é no formol, é?" Ele me abraçou, convidou a sentar e me ofereceu uma bebida.

O Machadinho, àquela altura, já tinha feito a marketagem e me enchido de CD, DVD, pôster, tudo o que eu tinha direito.

Expliquei ao Odair sobre a CUFA e nossa dinâmica de ações para sair do lugar comum da favela como lugar de depressão e tragédia.

Ele foi bem receptivo à ideia e comentou que já era íntimo da CUFA, até mesmo tinha cantado com MV Bill e tinha gostado muito. Eu estava eleito na missão e nem sabia.

Naquele instante fui direto ao ponto: "irmão, quero te levar para cantar lá na minha área, é um show de rua, não tem bilheteria, mas sobra calor humano. Pense com carinho num formato bacana e acessível pra gente, teremos um grupo local e depois você fecha a noite." (Era seduzindo Odair e dando o golpe do menor preço, menos gente viajando e uma *Rider* razoável e sem cinquenta toalhas brancas).

Para minha surpresa, Odair revelou que nunca tinha participado de um evento assim, "dentro da comunidade e aberto ao povo" e que seria o primeiro e ele iria com todo prazer. Nem esperei ele completar a frase e, como bom cearense, negociador e criador de oportunidades sempre, já sugeri a data, valor, formato e ele topou ali mesmo; ficou fechado para o dia quatro de dezembro.

Ele já informou o dia durante o show, o que já fez alguns jornalistas presentes no clube espalharem a notícia.

Eu saí dali feliz igual a pinto no lixo, mas também preocupado, pois era uma responsabilidade levar um ícone da música popular brasileira para a minha área e tudo tinha que sair bem.

Na minha cabeça, cheia com as preocupações do Campo do América, arranjei mais outra missão para dar conta em menos de vinte dias, tinha que me virar.

Fazer uma festa na favela, por conta própria, é uma coisa bacana, ao mesmo tempo um risco, por todo o clima que envolve movimento com multidões e, apesar de estar no meio da Aldeota, nunca se sabe o ânimo das ruas; mas como temos vivência e diálogo permanente, saímos em campo para dialogar com as áreas vizinhas, para ninguém se estranhar.

Apresentei a ideia aos parceiros para pensarmos qual seria a estratégia pós-festa, quando as luzes apagassem, pois na CUFA os eventos são como pontes agregadoras de diversos ativos a nossa luta.

No caso do show do Odair José, nosso alvo era possibilitar a aproximação de diferentes setores de fora da Quadra, gente de outros bairros e classes sociais, reduzir a distância e derrubar os muros imaginários criados pelo preconceito que segrega nossa Fortaleza e fazer da rua General Tertuliano Potiguara um espaço de encontro e sintonia, todos juntos e misturados, como se diz no dialeto cufiano.

Até então, eu só tinha feito ações com foco na juventude, geralmente com *Hip Hop*, *Reggae* e basquete de rua, o que mobiliza a comunidade, mas sempre tinha resistência do público adulto e até de parte dos jovens mais conservadores, pois o público em questão era fora da ordem nos quesitos comportamento, estética e valores. Isso até hoje ocasiona críticas dos mais desavisados ou da galera mais preconceituosa, bem como da minoria do "bonde do recalque". Ainda bem que sempre nossas festas foram pacíficas e até a oposição vai lá curtir.

Era tudo novo pra nós, então não podia tratar como os eventos de perfil mais favela e jovem que estávamos acostumados a tratar, até porque nossa disposição sempre foi projetar a favela para o mundo de igual para igual, nunca menos.

A pista sobre o formato veio do pai do Foca, meu irmão e sócio nas loucuras que fazemos. Seu Ronildo, que com certeza era o fã número 1 do Odair, nas Quadras.

Comentei com ele que Odair José estava vindo. Seu Ronildo silenciou e desacreditou num primeiro momento. Não por não acreditar na gente, mas por jamais imaginar que um ídolo que marcou grande parte afetiva da sua juventude estaria ali, quase em frente à sua casa.

Essa parada da relação de ídolo e fã é algo complexo, principalmente no amor que o fã nutre por seu ídolo, que apesar do amor, profunda admiração, a mística da distância, da relação pelos discos, pela TV, pelas revistas parece construir um certo encanto, quase como um ritual sagrado ao se pensar no encontro físico. E o Ronildo, sem querer, deu a cena da produção inteira, na conversa que tivemos:

"Ele tem que cantar O *Cravo e a Maçã*."

"Peraí, mah! Assim tu me lasca, vamos fechar a festa primeiro."

"Preto, vai ser a noite mais linda do mundo."

"Macho, taí o nome da festa: A NOITE MAIS LINDA DO MUNDO!"

"Putaria, macho! Sério, mesmo? (Era ele duvidando)."

"Sério!"

"Era legal ter um 'forrozim' antes para aquecer."

"Égua, onde eu vou arrumar? Só tem o DJ doido que toca Forró."

"Dj não, mah, um 'conjuntuzin'."

"Macho, já sei quem vou chamar."

Nessa época, tinha uma galera massa estourada na cidade, eram os TRANSACIONAIS. Durante um show deles, comentei de levá-los às Quadras, eles disseram que faziam questão de ir, então juntou a fome com a vontade de comer.

Despedi-me do seu Romildo e fui para casa. No caminho, já acionei o Felipe Kayatti, um dos *designers* mais fodões que já conheci. E o melhor, mesmo no meio da loucura da vida dele, atende com perfeição e carinho às minhas demandas, sempre para ontem e com um nível afetuoso de pressão.

Mandei uma mensagem para o Jolson Ximenes dos Transacionais contando que estava liso e queria eles lá. Ele disse: "Preto, arruma pelo menos o do táxi e da água?" Eu disse ok!

Na manhã seguinte, eu acordei com aquela certeza que ia "dar lindo", mesmo preocupado com alguma zica que poderia ocorrer. As ruas me ensinaram que todo o cuidado é pouco.

Agora era arrumar quem pagasse a conta. O primeiro a receber a ferrada via telefone foi nosso vizinho Acrísio Sena, vereador do PT e na época presidente da Câmara. Apesar de ser um cabra com muitas despesas, sua origem lá do bairro Antônio Bezerra e seu gosto musical em comum colocavam-no no topo da lista dos colaboradores compulsoriamente naturais para receber a primeira ligação:

"Acrísio, meu presidente!"

"Diz elemento!" (É a forma carinhosa que ele se dirige a mim até hoje).

"Macho, vou fazer o show do Odair José e se tu não apoiar, vamos falar mal de ti no palco e na rádio comunitária."

"Tu é doido. Eu tô é dentro, bora curtir esse *thundercat*."

"Macho, então tô passando na Câmara amanhã, pois a festa é dia quatro de dezembro e tá em cima."

"Égua, peraí, elemento. Deixa eu contar as moedas."

"Abre essa mão, 'infeliz das costa oca'."

"Te ligo já e te passo as coordenadas."

"Foi sal e colorau."

Corri para a CUFA, pedi para Pequeno e Lidiane levantarem todas as informações para ver o que tínhamos de "sobra" de algumas vendas de camisa, de grana das minhas palestras, de shows que tínhamos feito e a lista de nossos fornecedores. Agora era a hora do "venha nós", sem falar que tinha todo o clima de final de ano e o nome do Odair José, que por si só, já era um capital agregado.

Não era possível que a gente não conseguisse, apesar do curto espaço de tempo.

Colocamos o show na rua faltando dez dias para o evento. Lidiane fez mobilização em massa, o show caiu na graça da classe média, políticos, jornalistas, estudantes universitários e gente das outras áreas vizinhas às Quadras e até o povo dos prédios.

Eu confirmei que a festa tinha ultrapassado as ruas das Quadras e cruzado a fronteira do asfalto, quando recebi uma avalanche de ligações, e duas delas me chamaram atenção e quero compartilhar com vocês: duas ligações de dois amigos que darei nome fictício para não expor essas pessoas queridas que abriram seus corações para mim e, sem perceber, revelaram um pouco da intensidade das fronteiras invisíveis que, até então, nas suas percepções, separavam as Quadras da Aldeota.

Amigo 1

"Preto, tudo bem? É o Boi Sem Osso*!"

"Diz aí, Boi, tudo bem, irmão?"

"Macho, tá indo eu e a mulher para esse show do Odair José."

"Acredito não! Sério? Que alegria, sejam bem-vindos!"

"Me diz uma coisa, tem onde estacionar o carro aí?"

"Tem demais."

---

*N.R: o autor optou por um apelido para preservar a identidade do amigo.

"Mas é perto do local do show?"

"Sim, é!"

"E vai ser na rua mesmo?"

"Sim, a gente fecha a General Potiguara, coloca palco, som, luz e bumba."

"Mas o estacionamento é perto do palco?"

"É mah, um quarteirão!"

"E se não tiver lugar, onde tu sugeres a gente colocar?"

"Macho, vai ter, se preocupe, não!"

"Tu sabe né, mah? A mulher fica cabreira."

"E tu também, né, mói?"

"Rapaz, se não tiver, vou te ligar para tu pegar a gente."

"Não, mah, já tem um pastorador credenciado, padrão CUFA."

"Sei lá, tá todo mundo comentando essa festa, vai dar lotação."

"Então, chegue cedo, pra gente trocar uma ideia, e se não tiver vaga perto, pode entrar e deixar dentro da Quadra."

"Tu é doido, é? Sozinho? Deixo nada!"

"Mah, deixa lá, tem risco não, o máximo que pode ocorrer é alguém pegar teu carro emprestado pra passear e devolver antes do show acabar."

"Égua, nammm, mah. Deixe de fuleragem."

"Tô falando sério. Aqui é tudo nosso!"

Amiga 2

Toca o telefone; Blin Blon, Blin Blin Blon, Blin blin Blon.

Vixe, a voz da mulher da ligação a cobrar. Ai dentu, tô corrido, vou atender, não.

Toca o telefone novamente, desta vez de número privado, quase eu não atendo.

"Pretinho lindo, meu amor. Tá tudo bem com a festa?"

"Tá sim, meu bem! Quem fala com essa alegria e afeto todo, nesta noite de sábado, a mais linda do mundo?"

"É a Doida Pra Beijar*."

"Diz aí, mulher, tu vem?"

"Demais, só esperando as amigas chegar para o aquecimento!"

"Eita! E vem de ruma, é?"

"É lógico, os embalos de sábado à noite na favela. E pode arrumar uns *boys* escândalo que nós vamos para errar."

"Quem fala assim num é gago. Mas diz aí, o que tu quer?"

"Preto, as meninas (sei, as meninas) perguntaram se aí aceita cartão?"

"Mulher, pois tu me lembrou de uma coisa que eu tinha esquecido, devido à correria do show. Nem deu tempo de assinar o contrato com a Cielo, sem falar que os juros deles tavam altíssimos e os comerciantes e empreendedores não

*N.R: o autor optou por um apelido para preservar a identidade da amiga.

fizeram muita questão, até porque aqui todo mundo paga à vista."

"Vixe, foi mesmo?"

"Foi, mulher, mas se tu tiver sem grana, a negada pendura!"

"Não, né isso não, Preto. Espera, nós chegamos já, já aí, ok?"

"Ok, venham com tudo."

"Preto, ia esquecendo outra coisa. Tem alguma área reservada vip, tipo para quem não é daí?"

"Mulher, a Quadra já é a própria área vip. O povo aqui é empreendedor, tem quatro tipos de áreas, a pista, o *front* calçada, o camarote janela e o *lounge* cobertura da laje."

"Quando chegar, tu negocia. Ah, e detalhe, a recomendação do acordo local é não acender baseado no meio do povo, pois tem muitos idosos e crianças."

"Fuleragem, Preto."

"É sério, mulher! Cuida, beijão, vou correr aqui para organizar a festa."

Eu estava decidido a fazer do show do Odair José o pontapé inicial para construir pontes com o mundo além da Quadra, mudar o olhar das pessoas sobre nós e sobre nossa área e mudar o olhar da gente sobre nós mesmos e sobre como podemos fazer da Quadra um ambiente "massa".

O show estava pronto, mas faltava o tal do cerimonial. Convidei para a apresentação a Maysa Vasconcelos, uma jornalista sangue bom e super do bem, comunicativa e carismática, bastante conhecida pelas massas de Fortaleza. Ela topou na hora.

Muitas pessoas das Quadras estranharam e até pediram para tirar os TRANSACIONAIS. Impressionante como a mesmice cultural está impregnada pelo pensamento preconceituoso contra tudo que vem de fora do circuito comercial, mas eu simplesmente ignorei e disse que os que não queriam depois iam se apaixonar.

Dito e feito, TRANSA na cena, a galera ria como quem não acreditava. Eu ria como quem saboreava a certeza de ter possibilitado esse encontro entre os talentos locais da minha cidade num palco, com um grande ícone da música popular brasileira e fazer a massa ver que também temos pratas da casa, valiosíssimas. Foi tiro e queda.

Os TRANSA arrebentaram. Teve gente que tá até hoje com dor nas costas de tanto dançar. E ai de mim se fizer algo na Quadra e não tiver a participação deles.

A hora mais esperada tinha chegado, o Odair estava na Quadra, nem o povo e nem ele acreditava que tinha aquela multidão a esperá-lo para cantarem juntos naquela noite linda.

Eu e a Maysa fizemos a apresentação da festa, agradecemos aos parceiros, entregamos o palco ao mestre Odair e partimos para o meio da massa.

O pai do Foca, Seu Romildo, foi apresentado ao Odair. Foi um momento emocionante da festa, apesar dele reclamar que Odair não cantou O Cravo e a Maçã.

O camarim era de madeirite, mas cheio de riqueza e dedicação da Linda, Normando e dos meus irmãos Hélio e Jorge. O Pequeno e Lidiane, como sempre, silenciosos e eficazes, arrebentaram. Meu parceiro Foca tinha duas felicidades, pela alegria do seu coroa e pela festa, que estava maravilhosa.

A primeira música foi A NOITE MAIS LINDA DO MUNDO. Odair parecia não acreditar no que via, a laje do Normando lotada de nossos amigos e visitas ilustres, as calçadas entupidas de pessoas de todos as cores, estilos e tamanhos.

O comércio local a todo vapor faturando, a rua se tornou nosso palco, mais que um show, era um ritual. O que era aquilo, gente? Coisa linda demais.

O investimento maior era na emoção das pessoas e isso não dava para medir em estatística, porque os afetos não cabem em planilhas de Excel.

Pena que eu tinha que encerrar às dez horas da noite, pois a Quadra fica em área residencial e até hoje nunca tivemos problemas com nossa vizinhança dos andares de cima. E nem queremos.

A festa acabou em paz, tranquila, com todo mundo feliz e com gosto de quero mais. Teve gente pedindo bis e o Odair voltou, quase vira *karaokê*, o povo pedia ele cantava, não sei quem estava mais encantado, nós ou ele, ou era tudo um encanto só.

FOI A NOITE MAIS LINDA DO MUNDO, MESMO!

Quando cheguei em casa, não pude deixar de lembrar o amigo Boi Sem Osso, com quem eu usei o método que desenvolvi chamado "constrangimento pedagógico".

O constrangimento pedagógico é uma categoria debochante e irônica recheada de pitadas de terrorismo bem-humorado.

A ideia central de abordagem se baseia na necessidade de dissolver o preconceito da cabeça das pessoas com doses fortes de deboche e bom humor ácido, para fazê-las mudar de opinião e ver o óbvio da escrotidão, mas sem desconsiderar que o efeito do preconceito nas pessoas é gerar um distanciamento, simbólico e físico, uma classificação antecipada excludente no imaginário social que avalia e julga o outro a partir de nós mesmos. Por isso, o CPDG nos leva para um nível que nos faz desarmar dos estereótipos ou vivenciá-lo na pele, assim gera uma dose empática de choque que nos aproxima uns dos outros, deixando traumas preventivos que não terão mais chance de o indivíduo manifestar sua escrotidão opressora sem ser percebido e questionado.

No caso dos meus amigos cobaias, funcionou que foi uma beleza. O resultado eu atestei quando ele saiu do medo e veio todo feliz durante o show dizer que não imaginava que existia aquela Quadra, tão animada, tão feliz e tão viva. Será que ele imaginava que éramos selvagens e praticávamos o canibalismo? Comentou que queria voltar ali para outros momentos com seus filhos e amigos.

Na amiga Doida pra Beijar, tive que dar o desconto da condição feminina, de andar sozinha na rua. Fortaleza não está fácil para as mulheres, mas também não podia deixá-la seguir com essa ideia maléfica de que a Quadra era esse ambiente tão hostil que as pessoas de fora não pudessem andar com sua grana num evento da própria comunidade. Aliás, do jeito que meu povo da Quadra é metido, vai ver tinha gente na festa com mais grana que ela.

Fortaleza é uma cidade que, por meio de piadas e conceitos engraçados (para quem não é atingido por eles, lógico), constrói suas opressões e naturaliza suas desigualdades. Tem coisa mais escrota, racista e segregacionista que se traduza no termo "aqui tá muito misturado"? Duvido!

Assim, eu preparei uma área vip "cheiro do queijo" para ela e a coloquei lá. O que separava a área vip da pista era uma grade, como vocês vão ver nas fotos deste capítulo. Assim que o show começou, eu a vi com as amigas toda feliz e dançante; eu removi a grade e ela nem percebeu, pois estava ocupada demais dançando a festa toda com vários "*boys* escândalo".

Tudo encerrado, festa desproduzida, já em casa, o telefone toca. É minha mãe. Eu gelei na hora.

Na mente, eu já imaginava todo tipo de treta. Alguém que tentou constranger alguém. O que era supernormal, um estranhamento entre espécies de ecossistemas diferentes. Algum cabra véi com ciúmes dos visitantes, ou alguma esposa ou namorada incomodada com a empolgação/saliência dos maridos/namorados com o comportamento pra frente "dazamigas" loucas por um "*boy* escândalo". Nada disso.

Minha mãe ligou pedindo ajuda para eu levar meu amigo Boi Sem Osso e a Doida pra Beijar embora da Quadra, pois já era meia-noite, e ele com a namorada já tinham bebido e fumado "da solta" com a galera, e ela tava pedindo um *boy* em namoro sério, mas o cara não acreditava, pois pensava que ela só queria um lance. Senti alívio.

Por vezes, alguém questiona que a CUFA gosta de fazer festa, mal sabem eles que essa ação para nós vai além.

Ora, como se na favela alguém não gostasse de festa. Mas a questão é que para nós é mais que isso, o protesto é o show, o show é o protesto.

Nós negamos fazer da tragédia nosso palanque, o ódio como palavra de ordem e o sofrimento com pauta única do nosso discurso.

Nossa festa é um ritual entre energias positivas, no qual a favela mostra o seu melhor, sua potência, sua beleza, sua empatia. A alegria é revolucionária, o riso é libertador e isso é poder! Poder que toca almas, emoção que transborda e seduz corações, que remove a negatividade das mentes. É orgulho e afirmação da favela, pois tudo foi produzido por nós e em tudo que fazemos, investimos os melhores sentimentos e tudo está interligado nesse contexto, independentemente de onde estejamos ou por onde andaremos. Este é o sentimento novo e potente desta nova favela.

A ação e interação com Odair José abriu várias portas, fortaleceu a ideia de encontros possíveis e diálogos entre diferentes. Aproximou quem estava distante, separado por muros de concreto, mas muito mais, por muralhas de preconceito de ambas as partes. Naquele momento, estávamos com o sentimento nu e cru, o amor em sua forma bruta, nuzinho, pelado; ninguém era das Quadras, ninguém era classe média, ninguém era pobre, da Aldeota ou de outro bairro. Éramos, todos, pessoas felizes, iguais em alegria e importância afetiva, na diversidade que nós, humanos e belos, tínhamos o direito de viver, cada um à sua maneira.

Foi a Noite Mais Linda do Mundo!

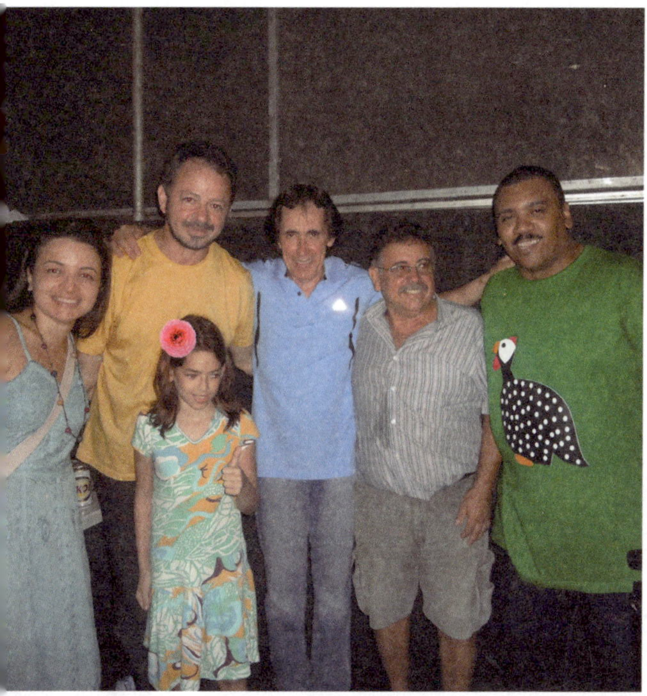
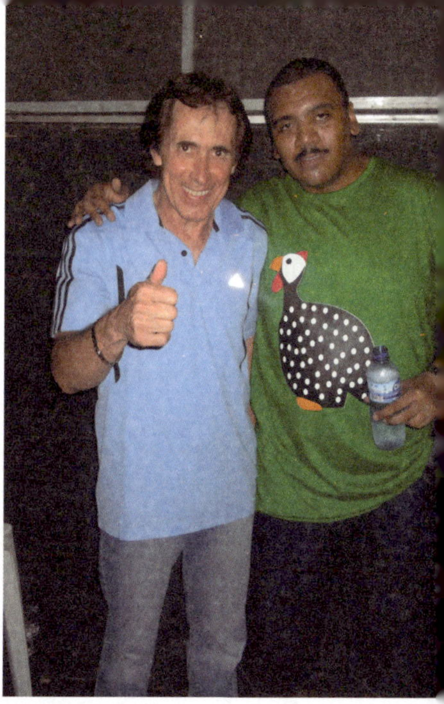
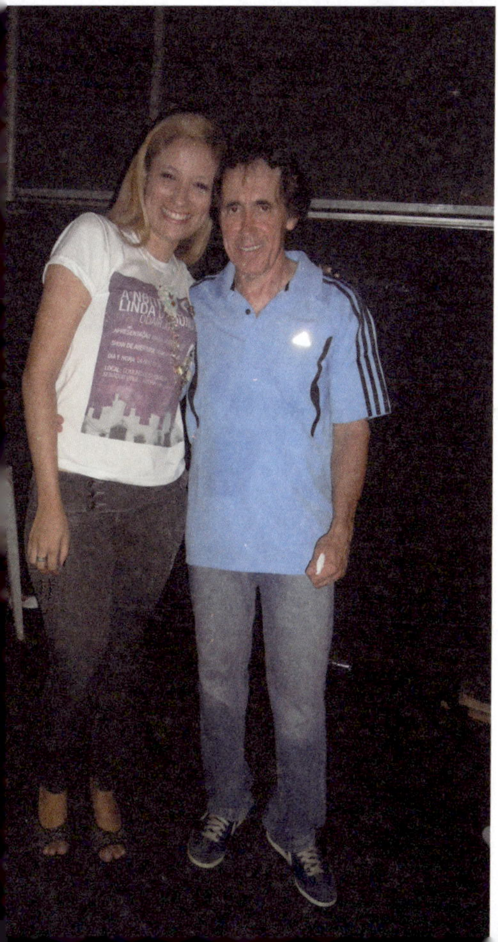
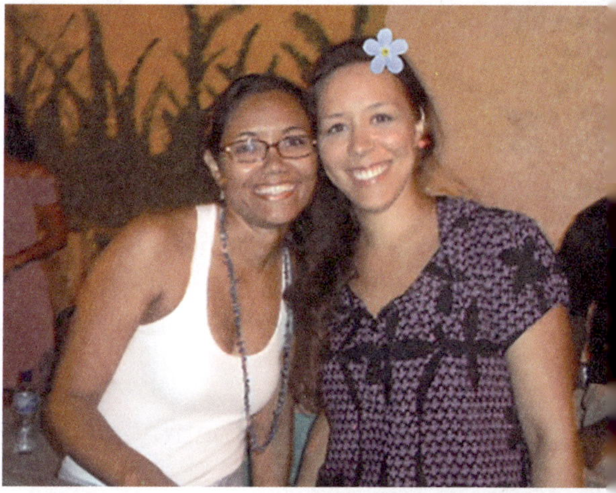
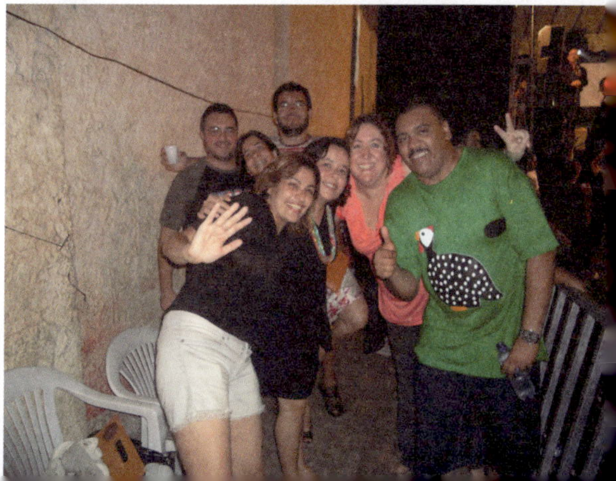

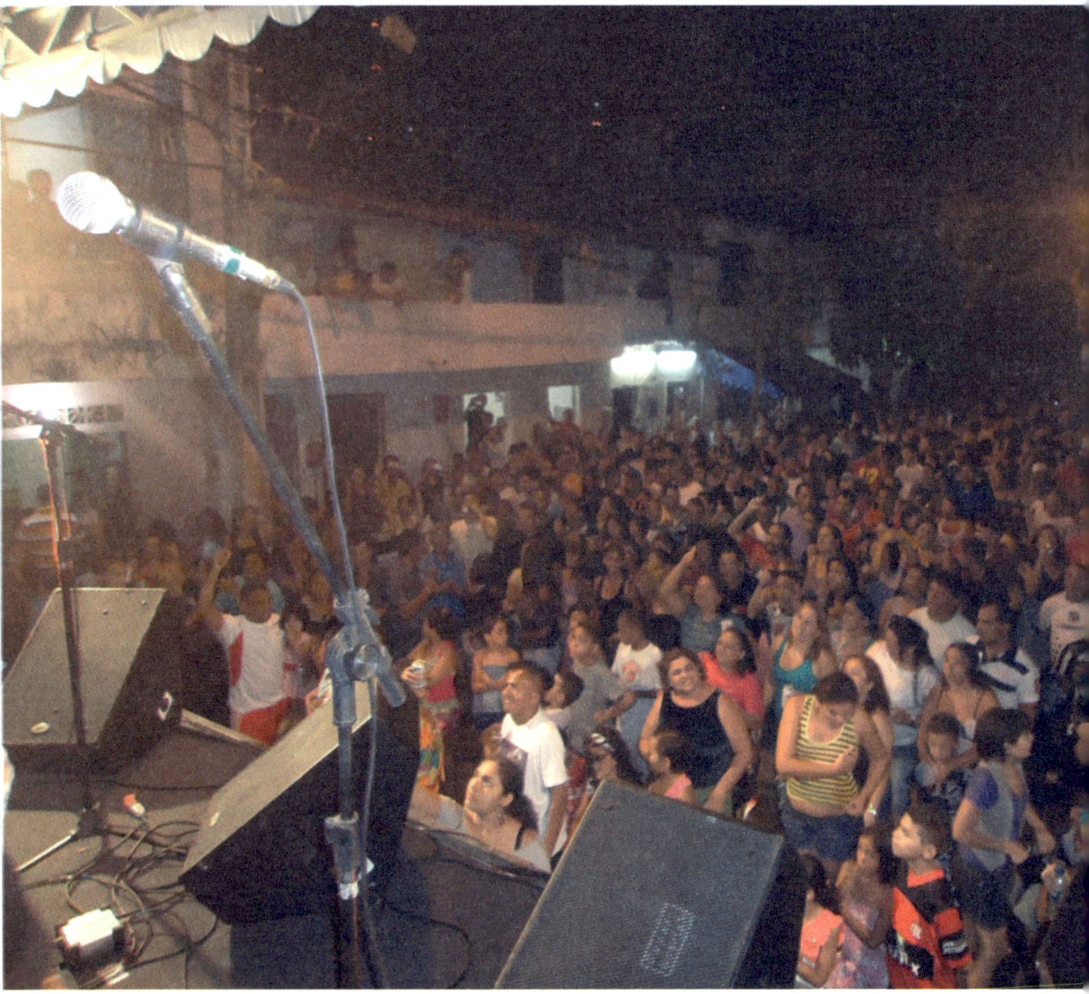

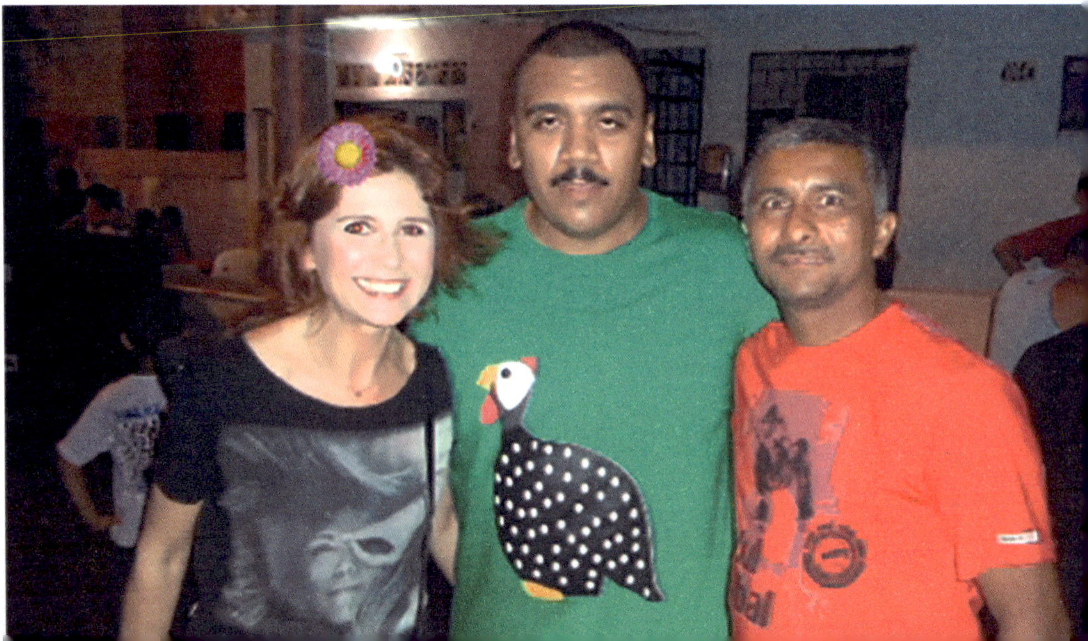

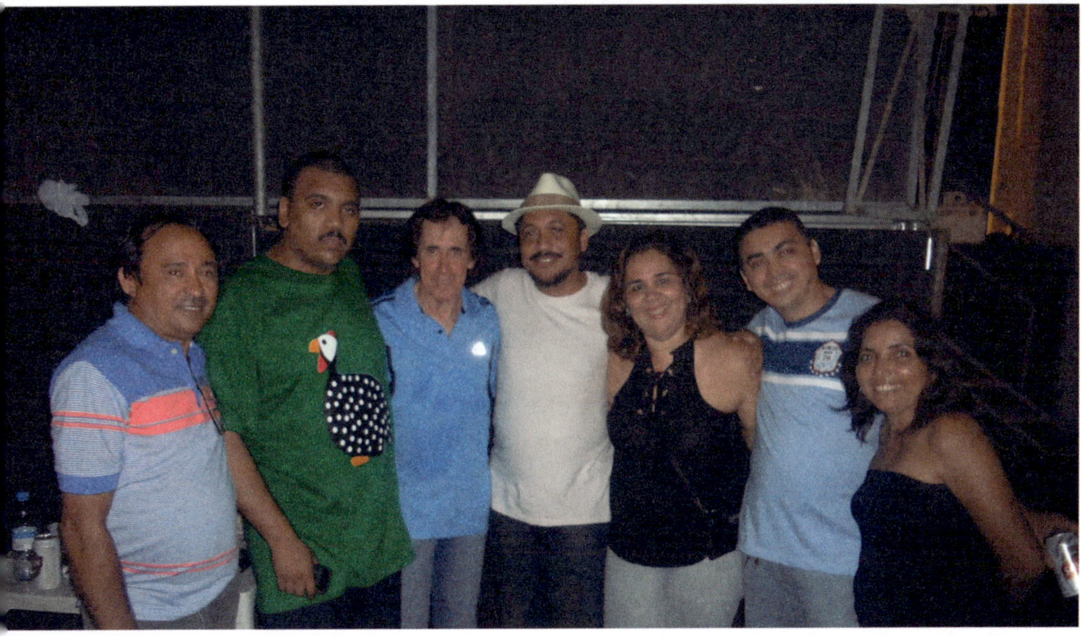

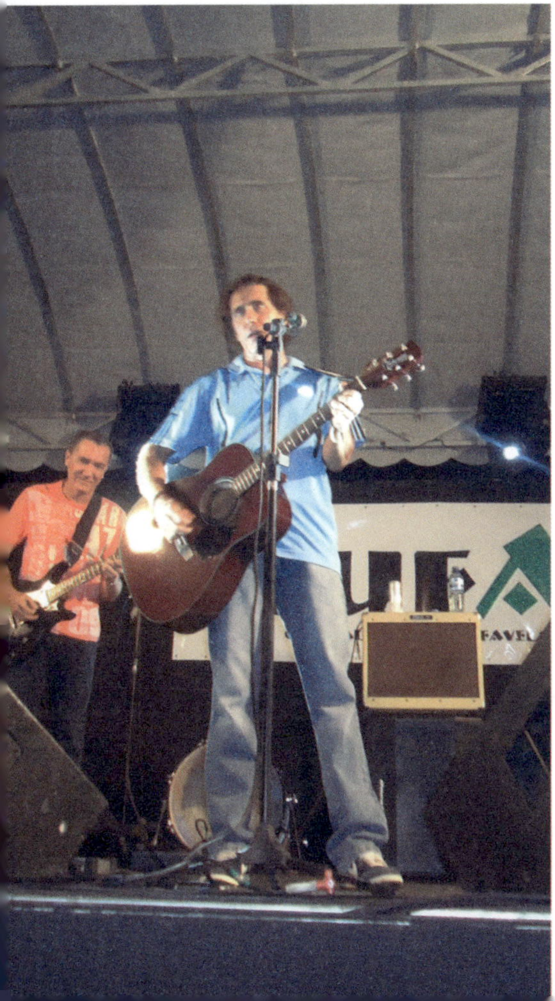

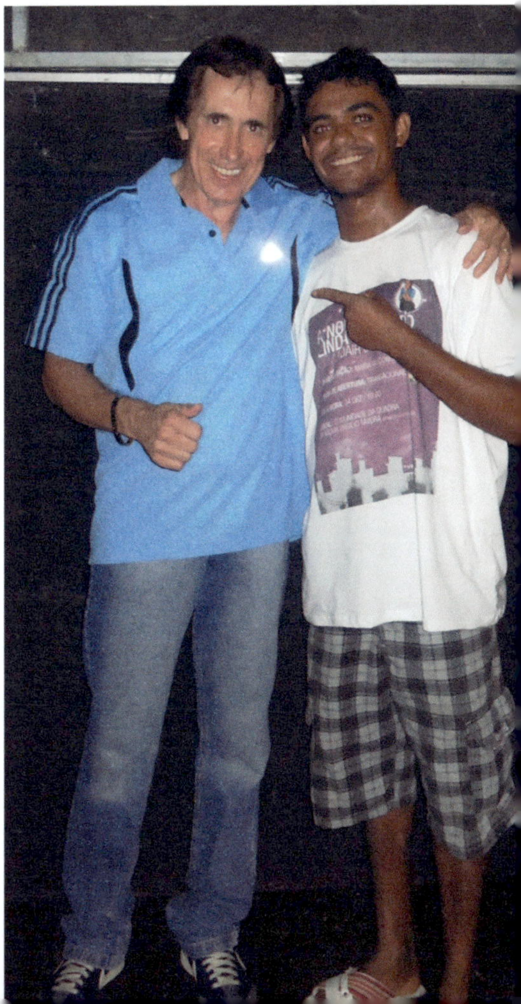

ATITUDE DE PAZ: A PEDAGOGIA DA RUA

Durante o ano de 2017, em parceria com uma cooperação da Secretaria de Educação do Estado do Ceará e a Unesco, a CUFA, através do Centro de Direitos Humanos do Lagamar, realizou um projeto chamado Atitude de Paz.

O projeto consistia em realizar oficinas em quarenta escolas estaduais, que estavam localizadas em áreas de conflitos ou tinham problemas com o entorno e dentro da escola.

A ideia central era, através da linguagem do *Hip Hop*, fazer oficinas com temáticas que abordassem sexualidade, prevenção ao uso de álcool e outras drogas, estimular o potencial criativo dos jovens e criar uma grande rede de agentes culturais e ativismo juvenil a partir da comunidade escolar.

Nossas escolas cearenses têm sido referência para todo o país, resultado de um planejamento estratégico, focado em resultados e qualidade e que tem tido continuidade como política de estado.

Inspirados a partir da cidade de Sobral, o time da educação aqui, apesar das dificuldades mil, tem conseguido alçar voos altos, fazendo os alunos e alunas cearenses se destacarem nos principais e mais concorridos vestibulares e institutos país afora.

Lógico que nem tudo é um mar de rosas, mas se faz necessário e legítimo ressaltar as potencialidades na mesma proporção e dignidade com que ressaltamos os problemas e falhas que todo processo de construção de política pública enfrenta.

No caso em questão, nossa rede tinha por objetivo melhorar a relação da escola com a vizinhança, dialogar com o imaginário dos jovens e sua cultura urbana, tornar o ambiente escolar menos conflitante, porém não menos crítico, fazendo-o um espaço de aprendizados constantes e não de choques e tretas permanentes.

A montagem do nosso time tinha o que de melhor a periferia de Fortaleza já produziu no que diz respeito a talento, capacidade e elaboração intelectual orgânica de jovens. Temos a própria vida como currículo e militância, a vivência nas favelas e periferias da cidade como arena de conhecimento e a rua como escola permanente. Talentos natos, capazes de, através de um dialeto próprio, dialogar, agregar e despertar interesses nos jovens por novas pedagogias de liberdade, engajamento e produção artística e intelectual.

Os perfis eram diferenciados, apesar da mesma matriz e origem, justamente para poder representar a diversidade estética, cultural e simbólica dos jovens.

Montamos um timaço diverso, talentoso, composto de jovens gays, negros, mulheres e brancos de periferia.

A mistura de mulheres como Neidinha, com sua paciência e disciplina herdada das ruas do Lagamar, que fazia a gestão do projeto; Juliana do Bom Jardim, que com seu "humor" e sagacidade cuidava das redes sociais; Gabriela Savir, do Dendê, com seu carisma e uma voz sedutora, que levava às rimas e conteúdo do *rap*; somados à pedagogia e aos ensinamentos do respeito e tolerância aos LGBT feito pela cria do Lagamar, nosso Antônio José, que se fortalecia com a qualidade e comprometimento de Dj William e a turma do *break* da pesada da família Efeito de Fe Crew, comandada pelo nosso professor Wilker. E para fechar esta seleção de executivos sociais de alto calibre, Maykon e Renner, vindos da Messejana, mais especificamente, que batiam bola com o veterano WMan, contando com o apoio de uma turma de produção que não dorme em serviço, Jorge, Narcélio Lagamar, José e Ismael (Grande Bom Jardim). Era uma verdadeira seleção do ativismo social. Tudo isso registrado pelos meus irmãos do audiovisual de mão cheia, André Vital e Daniel Araújo, da AVDA produções.

Toda semana, debatíamos os novos desafios quando íamos para a parte prática do projeto: a metodologia, a gestão, a comunicação, a abordagem da diretoria da escola, a mobilização dos alunos, a mediação com o entorno e os desencontros que rolaram entre nós, a secretaria e os colégios, ou até os esbarros entre nosso próprio grupo.

Coordenar este projeto tão bem elaborado e pensado em parceria com a Cynthia Studart foi também a possibilidade de unir e dialogar, de maneira horizontal e em patamar de igualdade, o conhecimento e a inteligência adquirida na rua com o acúmulo e a produção da academia.

Este foi o projeto que provavelmente mais nos trouxe aprendizado e de uma área que a gente atua de maneira informal.

Foi enriquecedor estar durante seis meses dentro do ambiente escolar, sentindo a pressão, os dilemas, vislumbrando possibilidades, convivendo com os dramas e os esforços do corpo escolar, da missão heroica, às vezes, de cada um dos profissionais da escola na dedicação ao seu ofício diário, cuidado e carinho, como se as escolas fossem suas casas.

Ao analisar as potências do ambiente escolar, difícil não se emocionar com a disposição de alunos que se organizam para tornar suas escolas melhores, do corpo escolar que trabalha diuturnamente para que a escola tenha um papel central na vida dos alunos.

Animou-nos a criatividade e o envolvimento de algumas diretoras, que chegaram a participar das oficinas e nos solicitar a presença permanente, algumas mais empolgadas queriam a presença do nosso conteúdo na grade curricular.

Preocupou-nos, e não podia deixar de trazer aqui o medo do ambiente escolar do seu entorno, pois muitas vezes a escola era o único espaço público dos territórios visitados, estando sujeita a todo tipo de realidade e, muitas vezes, a escola, sozinha, não estava preparada para lidar com situações cada vez mais complexas.

Vimos escolas muito bem conservadas, mas faltando diálogo e apoio de outras políticas públicas, como esporte, cultura, saúde e até mesmo formação empreendedora.

Esse diálogo e essa transversalidade das políticas, na prática, é uma forma de diminuir a pressão que recai sobre o ambiente escolar.

A violência fez as escolas fecharem os seus portões durante os finais de semana, aumentando a tensão, já que a quadra do colégio era, muitas vezes, o único espaço de esporte e lazer da comunidade e, assim, a escola ficava sujeita a uma série de riscos resultante de uma realidade que ela não dá conta sozinha.

Muitos professores elogiavam e pediam para que voltássemos mais vezes; alunos também comentavam entusiasmados sobre as oficinas. Para eles, era algo que devia constar no currículo escolar.

A conclusão era simples: caso tivessem mais projetos daquele tipo, um número considerável de alunos não se evadiria da escola, pelo envolvimento e desenvolvimento que o modelo de atividade proporciona.

Vimos a necessidade de fazer uma formação também com professores, pois o universo juvenil e adolescente muda constantemente e infelizmente as universidades não atualizam os conteúdos ou às vezes o tempo que sobra para os professores se atualizarem é pouco, sendo suficiente apenas para descansar e ficar com a família.

Para nós, o ATITUDE DE PAZ deixou indicativos importantes, dentre os quais destaco:

1 A prática de uma cultura produzida e ensinada de jovem para jovem tem uma sinergia extraordinária e precisamos expandir e qualificar tais práticas, a fim de inspirar outros "fazimentos pedagógicos" dentro da escola.

2 A cultura urbana é veículo que abrange temas diversos, produz debates e desenvolve a consciência crítica, baseada no respeito

à diversidade humana, compromisso com a coletividade e o cuidado com o ambiente onde se vive e com a escola; devia ser mais incentivada.

3 Precisamos dotar as escolas de outras políticas amigas, porque muitos problemas como violência, drogas, conflitos de território, estresse, depressão, evasão são questões que afligem e desmobilizam as melhores forças e esforços que hoje teimam em fazer das escolas cearenses modelo para todos.

4 Precisamos urgentemente de um programa que faça retornar cada aluno que abandonou a escola pública cearense para engrossar o exército de jovens que nem estudam e nem trabalham.

5 As escolas não vão sobreviver sem se abrir para a comunidade e dialogar com sua expertise e sabedoria da convivência comunitária, do seu senso de colaboração e da sua solidariedade marcante.

6 Dar mais visibilidade institucional, no âmbito do governo, aos vencedores e vencedoras que fazem da escola pública cearense orgulho para todo o país; precisamos saber dos alunos, professores e escolas que contrariam as estatísticas, que teimam em desafiar o destino traçado e constroem uma outra narrativa de vitória e conquistas, remando contra a maré das adversidades. Cada aluno, educador, funcionário e escola que tem bons números devia ser estampado em *outdoors* pelo estado inteiro e em mídias nacionais, transformando a escola pública em um desejo de consumo na subjetividade da juventude, um investimento nas emoções das pessoas. Elas motivadas, ninguém segura.

7 Alguns temas precisam ser pautas permanentes dentro da escola, possibilitando que o que se aprende possa ser usado na vida real, pois não temos como ignorar a gravidez precoce, o uso problemático de drogas, as situações de violência doméstica e urbana, o racismo, a violência da polícia, a discriminação, o machismo e a homofobia. Nossa escola deve formar para a vida e não somente para o mercado.

8 Incentivar que as organizações das comunidades e lideranças sejam parte da gestão e do cuidado da escola, para desenvolver um espírito de pertença, a ruptura de um senso comum perverso (eu pratiquei demais quando estudante) que destrói o patrimônio público, como se o que fosse público não fosse de ninguém.

9 Precisamos de um programa de incentivo e fortalecimento da formação dos professores; um programa de premiações de iniciativas e invenções que saíram da escola para a comunidade do entorno, sendo a escola uma *startup* de fazimentos ligados ao cotidiano, enriquecendo a troca de saberes.

Mesmo com uma greve no meio e uma interrupção, aproveitamos o final do projeto para montar uma estrutura de gravação musical e audiovisual, que serviu para os jovens darem formas às suas ideias.

Este ano, vamos lançar a primeira coletânea produzida por essa iniciativa, pois mesmo o projeto terminando, entendemos que essa energia e formação não podem ser desperdiçadas.

Nesse sentido, como forma de manter a sustentabilidade deste projeto após o encerramento do seu financiamento, apostamos na criação de empresas sociais em várias áreas, como audiovisual, estúdio, produção cultural e agência de talentos.

Estas empresas, mesmo que de maneira ainda inicial, já produzem resultados que saltam aos olhos de quem vê.

Mesmo em condições ainda não tão boas, estamos fazendo acontecer e em breve vocês verão nos palcos, nas plataformas digitais de música e no *YouTube*, os resultados dos talentos de dezenas de jovens, que produzem, à sua maneira, entretenimento, renda, diversão, protesto e informação.

Nossos agradecimentos às coordenações das escolas, aos alunos e funcionários, que foram de extrema importância para a realização desse projeto.

Agradecimento especial ao professor Flávio e toda a equipe da Seduc pela atenção e carinho.

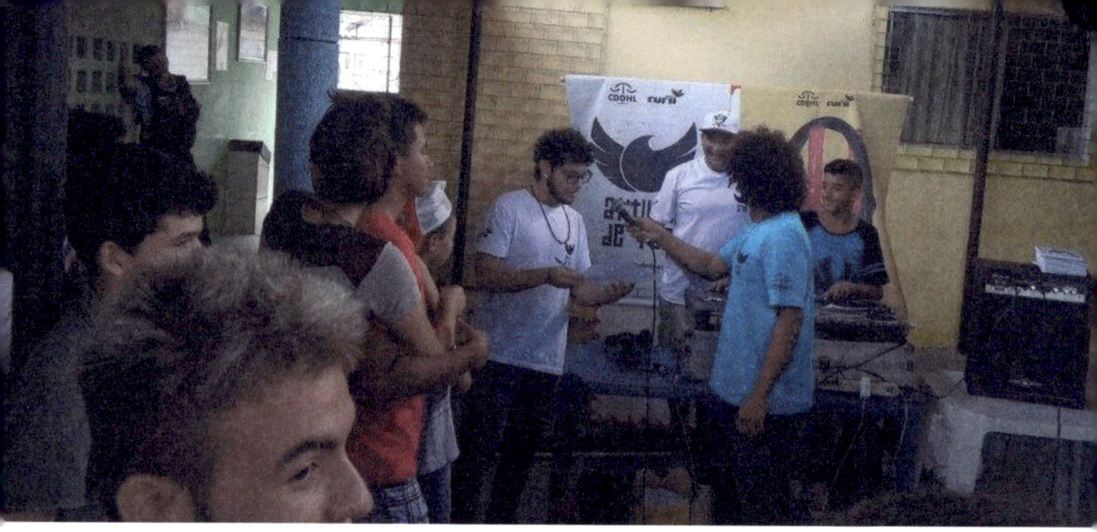
CDDHL
CUFA

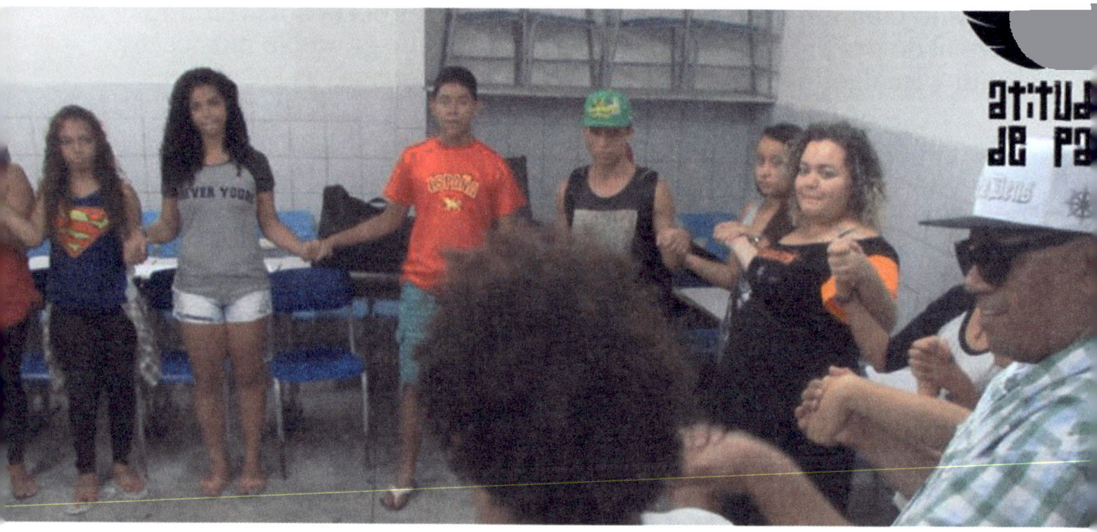
ESPAÑA

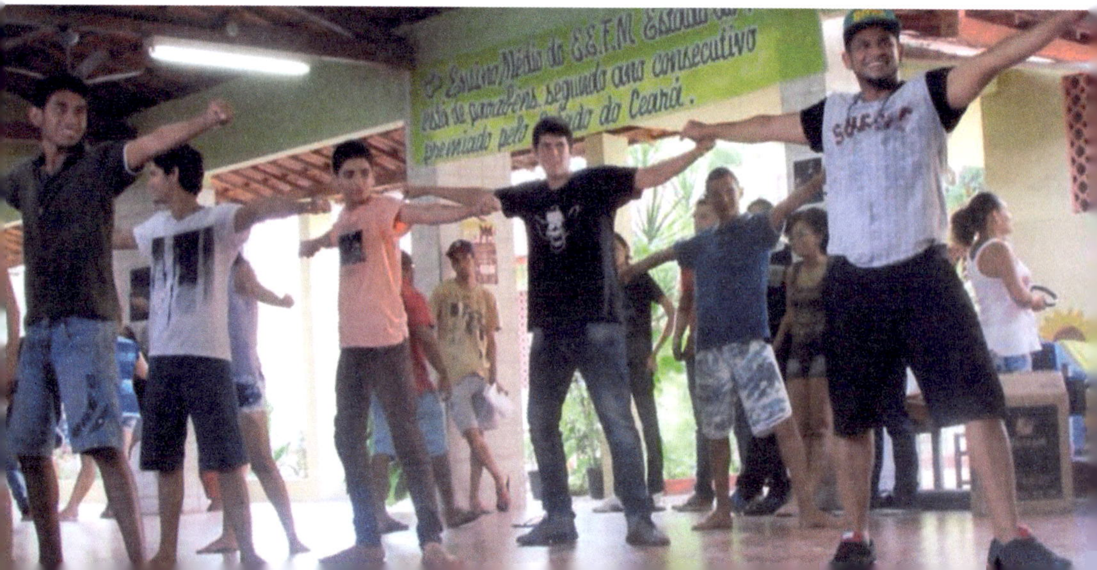
segundo ano consecutivo

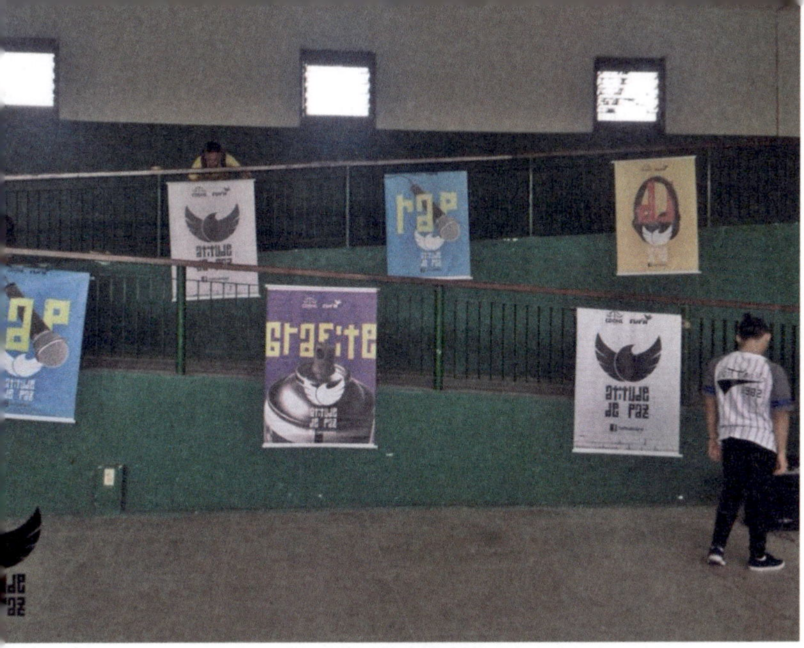

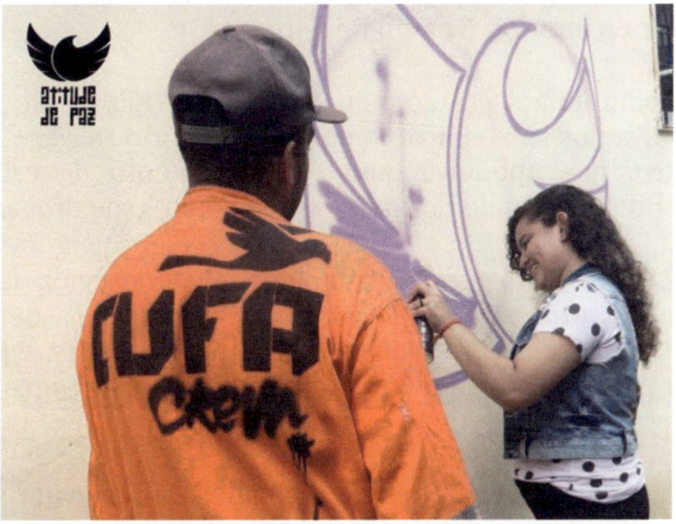

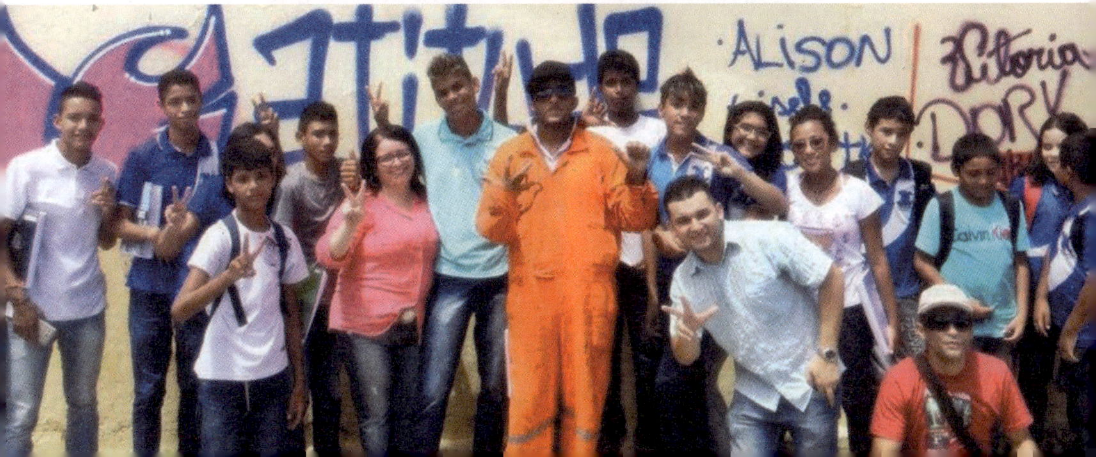

PARA ALÉM DA INVISIBILIDADE

Se não me falha a memória, o ano era 2006, Sobral, interior do Ceará. Eu estava tentando expandir os trabalhos da CUFA para outras cidades, pois tudo estava muito centralizado em Fortaleza. Uma amiga, que estava na Secretaria de Cultura do Município e que já tinha atuado com a gente em Fortaleza através da parceria com o teatro Boca Rica (o santuário dos melhores bailes de *Hip Hop* cearense), queria realizar uma parceria conosco.

A secretária era Rejane Reinaldo, e nossa caminhada ela já conhecia de cor e salteado e disse que, um dia, levaria nossas danações da capital para o interior. E assim foi feito.

Ela me pediu uma sugestão e eu sugeri o MV Bill. Nesse período, ainda estávamos sob o impacto do documentário *Falcão - Meninos do Tráfico*, que apontava para o envolvimento de crianças e adolescentes no mundo do tráfico e do comércio de drogas.

MV Bill era o *rapper* mais completo, ele conseguia fazer um bom show e ao descer do palco, também conseguia defender e apresentar suas ideias, o que possibilitava aos seus fãs, seguidores e jovens pertencentes à cultura *Hip Hop*, poder ter uma relação mais direta com as referências da sua cultura.

A Rejane topou a loucura, então fechamos de fazer um show na margem esquerda e uma palestra na Ecoa, de quebra eu sempre entubo o Bill em algo mais e assim foi. Fui com ele num território onde moravam uns caras que, depois de uns anos, seriam os nossos líderes da CUFA Sobral, Vinícius e Franzé do *rap*.

Chegamos aos "Estados Unidos" de Sobral (entendedores entenderão) era uma manhã escaldante, a temperatura marcava 32 graus, Bill tinha chegado às seis no aeroporto e às nove da manhã estávamos em terras sobralenses com visto assinado e tudo.

O show estava marcado para as dezenove horas. Conversei com o Bill para ele descansar enquanto eu e o seu produtor, Nino, com a equipe íamos ver os detalhes técnicos.

O Bill por várias vezes chegava num local e já queria ir para a missão. Mas neste dia, eu recusei, fui contra, o negão estava moído e à noite não ia render, melhor foi preservar o homem. Ele ouviu nosso conselho, seguiu para os aposentos, colocou o ar-condicionado no máximo de frio e repousou.

Eu acionei os dois parceiros e fui ver como estava a cidade. Além do show do Bill, conseguimos entubar o basquete de rua, que estava no começo da febre.

O basquete sempre foi um esporte de classe média. O basquete de rua, através da LIIBRA - Liga Internacional de Basquete de Rua, foi o responsável por essa democratização da modalidade esportiva que, no nosso caso, tinha a variável de se misturar com a cultura urbana e tinha um manual próprio, escrito por Celso Athayde (que nunca jogou basquete na vida).

O MV Bill fez o hino do basquete de rua que se espalhou pelo país, gerando uma onda de ocupação de ruas e praças e bombando o esporte de desenvolvimento e inclusão conectado com a cultura de rua.

Nessa época, eu fui com Ermando segurar a onda, já que ele foi o primeiro cara que me apresentou o basquete no Ceará e, durante muitos anos, coordenou a área esportiva, em particular o basquete.

Juntos, realizamos a primeira competição de basquete de rua do Ceará depois de uma estreia no Rio, onde chamamos a atenção do país que até então, como em tudo, acha que existia somente o Eixo Rio-SP.

Em 2005, na Beira Mar, apenas com seis times, fizemos a primeira edição da LIIBRA; trazia o nome SEBAR, Seletiva Brasileira de Basquete de Rua, e o vencedor iria ao Rio disputar com o resto do país. O único time de periferia era o dele. O resto todo era de clubes e de escolas particulares da Aldeota e do Meireles.

Com o tempo, a favela conseguiu vencer os filhos do asfalto, depois começaram a se misturar e hoje, favelados e asfaltistas compartilham as mesmas Quadras e o esporte se popularizou.

Cesta de três pontos para a inclusão.

Voltando a Sobral, já tínhamos articulado muitas conversas sobre ter cuidado com o show porque o clima estava tenso e a galera dos bairros andava se estranhando por qualquer coisa. Era o prelúdio da guerra, hoje, instalada nas ruas.

Poucos sabem, mas todos os nossos eventos são precedidos de reuniões e mediações na tentativa de construção de uma festa sem grandes tensões. Mesmo confiando na nossa intuição, e com toda credibilidade e respeito adquirido nas ruas, nunca é demais prevenir.

Até hoje, temos tido sucesso e as ações ocorrem na mais perfeita paz, independente de qual bairro seja.

Então, iniciamos pontualmente às dezoito horas com os grupos locais. Era a primeira vez do Mensageiro da Verdade em USSobral, como ostentam bem-humoradamente alguns amigos e amigas sobralenses.

A prata da casa deu um show: vários grupos de *rap* e *break* de Sobral; em seguida foi a nossa vez, o Comunidade da Rima, de subir ao palco.

Como apresentador, eu ficava interagindo com o público, seguindo o roteiro de baile no melhor estilo em sintonia constante com DJ DOIDO. A gente era tipo uma dupla de atacante, uma energia maluca, uma sintonia entre a expectativa do público e o próximo som, a adrenalina da ansiedade para ver o espetáculo principal e ainda mandar aquela mensagem para uma multidão cheia de atenção.

É uma missão dificílima e das mais arriscadas, pois se passar da dose, se errar um cálculo, podemos ficar presos entre os apelos ansiosos que nosso show acabe e o desejo de ver o artista principal. Ainda bem que, na maioria das vezes, conseguimos a harmonia.

É compreensível, devido à expectativa de assistir ao artista dos sonhos, e de repente entrar uma programação desconhecida, músicas que ninguém canta, ou apresentações e performances que não agradam.

Eu também ficaria puto da vida e pediria o show principal, a não ser que a atração local conseguisse chamar minha atenção. Muitas vezes eu converso com grupos locais sobre o fato deles reclamarem da pouca valorização dos grupos da cidade e não percebem que, às vezes, a própria cidade não quer o que é de casa pelo fato de não os conhecerem, e nós, de teimosos, tentamos impor a nossa agenda, uma atitude ligada à crença de que devemos cultivar na população o gosto pelo que se faz aqui.

O que existe é um gosto condicionado a outros valores que avaliam um show e é, portanto, não prudente impor certos formatos; evita queimar o nome do artista, da sua festa e desqualificar o evento, traumatizando o público ou "detonar" alguém que vai se expor para uma multidão preocupado em divulgar sua arte, enquanto as pessoas estão ansiosas pelo show anunciado e vendido. Já vi isso ocorrer várias vezes.

Encerramos bem as apresentações locais; após terminar de cantar, observamos a praça cheia, em torno de oito mil pessoas – nunca vi tanta gente em show de *rap* de rua no Nordeste do Brasil.

As galeras já se aglomeravam em frente ao palco, seguindo a mística de querer provar quem mandava mais no pedaço na velha disputa de território e visibilidade.

Eu olhava aqueles adolescentes magros, de chapéu, a maioria devia ter doze e treze anos de idade, alguns fumando, outros com garrafa de vinho na mão e uns cheirando alguma coisa, devia ser loló ou solvente.

Os ingredientes para dar uma merda grande estavam postos à mesa, só nos restava meter a mão na cumbuca e cair no miolo.

Desci do palco e fiquei entre duas turmas de adolescentes, Ernando, Davi e Dj Doido, também. Eu saí um instante para anunciar o MV Bill. A praça fervia gente até o talo.

O Bill entra cantando *Traficando Informação* e se surpreende. Todos cantavam, a praça foi ao delírio.

Era um ritual lindo, arrepiante, todos numa só voz, menos meia dúzia de pivetes que já estavam "legais" e, com a chegada dos maiores, ficaram mais afoitos.

Novamente desci do palco e fiquei entre as duas turmas, no olho do furacão. A segunda música do Bill foi *Marquinhos Cabeção*, apesar de antiga, sacode a multidão, o povo parece enlouquecer, comprovando que o *rap* não tem prazo de validade. E apesar de ser legal para a festa, para nós, que estávamos na contenção, era um desafio.

A segurança da festa era feita por três policiais, um cabo antigão e dois soldados, um baixinho e um grandalhão que dava dois de mim.

Geralmente, estes policiais são conhecidos do município, mas confesso que me preocupei com o número de policiais para aquela multidão, mesmo somado com os seguranças privados da festa. Vai ver ninguém imaginava aquela multidão.

E olha que confio muito na nossa condução de multidões jovens, mas me sinto mais seguro quando todos os agentes da festa estão em sintonia. E nesse show não houve uma combinação prévia com a segurança. Fato que mais tarde trouxe problemas.

Antes de terminar a música *Marquinho Cabeção*, começa o empurra-empurra entre as galeras. Nós estávamos tipo cordão de isolamento, ficamos pulando e, ao mesmo tempo, tentávamos manter os grupos separados; mesmo com o porte físico avantajado diante dos jovens, eles eram muitos, então era uma mistura de força e cuidado, para evitar ser atropelado em meio à multidão. Tentando apartar os dois grupos que ensaiavam começar um corredor de baile *funk*.

Permitam-me definir resumidamente o que se chama de corredor: no baile *funk*, se abria um corredor e se criava o lado A e o lado B, o DJ rolava um som e a porrada comia. A ideia era ir de um lado para outro atacar o rival com socos e chutes. Às vezes, na ida, você se ferrava, pois alguém da multidão rival te agarrava, aí era sal e colorau. Você voltava do baile meio baqueado e todo o corpo dolorido, quando não um dente quebrado ou um olho roxo e, às vezes, ainda tinha sola em casa da mãe e do pai. Era o velho conselho valendo: se apanhar na rua, apanha em casa também. E tome peia.

Eu já não curtia nem o show do Bill, aliás, seja na rua ou fechado com multidão de jovens, todos pensam que estamos curtindo, mas na real estamos é monitorando se tudo está sob controle; o clima é tenso apesar de a gente manter as aparências; nunca se sabe o ânimo da galera e mistura excitação com adrenalina e com essa necessidade de se mostrar mais macho do que o outro, tudo isso é uma química explosiva, e nossa missão nessas horas é desarmar a bomba.

Festa cheia é granada sem pino. A gente estava lá, no olho do furacão, de repente visualizei um policial com o cassetete entre os braços de um jovem magrelo, quase erguendo-o do chão.

Aproximei-me para saber o que estava ocorrendo. Antes que eu me apresentasse, sinto um cassetete cruzar a minha visão e me dar uma gravata. Eu não podia ver, mas sabia que era um braço de um policial que tinha me agarrado.

O cana antigão gritava no ouvido do que me agarrou:

"Solta o cara, macho. Ele é apresentador da festa, não faz parte de gangue, não!"

"Faz não, mas tá atrapalhando o trabalho da polícia. Já ia intervir aqui na ocorrência."

Era o outro policial justificando sua atitude perante o seu superior.

Ernando se aproximou junto com a turma do "deixa disso", o policial me solta, eu meio puto sinalizo negativamente, reprovando a ação policial e volto para o miolo com os jovens, com receio de que aquele pequeno tumulto pudesse virar uma correria sem fim, caso os jovens saíssem correndo e tivesse um caos ali na nossa frente. Graças a Deus não rolou nada disso. Tudo sob controle. Segue o baile.

Bill para a festa, dá uma dura pedagógica na galera, que não ia cantar e fazer de conta que lá embaixo tinha um monte de pivete brincando de bagunçar a festa e que não tinha sentido fazer aquilo porque a festa era nossa, e que o exemplo que essa galera ia passar é que festa de *rap* era o que as pessoas pensam mesmo, coisa de vagabundo que só vai para beber e se drogar e arrumar confusão.

Foi como se tivesse baixado um decreto; além do tamanho, o peso da palavra do Bill intimida e chama as pessoas para reflexão, já vi isso ocorrer em várias ocasiões; já se parou multidões e Sobral entrava para a lista de multidões paradas e pedagogicamente constrangidas para o bem geral da nação que queria curtir o show na paz.

O show acabou sem nenhum incidente, grande parte do povo se vai satisfeito e ainda cantando as músicas. Nós nos despedimos e agradecemos à Prefeitura de Sobral, em particular, à secretária de Cultura Rejane Reinaldo. Bill desceu para o pequeno camarim.

Uma parte mais fanática correu para detrás do palco para disputar uma agenda com o MV Bill na fila da foto.

Depois de deixar o Bill seguro no camarim com sua produção, fui à procura do meu povo. Ao girar o olhar, visualizei os três PMs parados ao lado do palco em fila, de olhares fechados e semblantes de poucas ideias e poucos amigos.

Como de cara feia já basta a minha, fui ao encontro dos PMs; ao me aproximar, eles fecharam ainda mais a cara. Talvez pensavam que ia dar uma carteirada como responsável pela festa e ia criticá-los.

Na hora, me veio a simples ideia de pedir desculpas pelo mal-entendido, que estávamos ali, todos à sua maneira, tentando garantir a segurança do evento, e aproveitei para convidá-los para um lanche no camarim.

A mudança de semblante foi automática, o policial grandalhão, que me pegou pelo pescoço, olhou o cabo antigão como quem pede permissão. Eles se olharam e aceitaram o convite.

Como disse, o camarim era pequeno, e os dois policiais até entravam com facilidade, pois tinham estatura pequena, já o grandalhão tinha que fazer um esforço para não machucar a cabeça e lá dentro sua cabeça batia no teto. Ele era do tamanho do MV Bill, enorme.

O grandalhão animado perguntou:

"O MV Bill ainda tá aí dentro?"

"Está, sim! Vamos entrar?"

"Não!" - Recusou o antigão.

"Eu insisto, a comida tá lá dentro; depois desse dia cansativo, vamos para o ar-condicionado e comer num local tranquilo."

Ele topou e o grandalhão se adiantou.

Ao entrar no camarim, o grandalhão pareceu outra pessoa, sorridente, olhando Bill o tempo todo, que assustado não entendia a entrada do PM no camarim. Também pudera, as vezes que a polícia interviu em nossos territórios, ou em eventos nossos, a maioria das vezes não foi para lanchar, e esse trauma a gente carrega na alma.

Convidei os policiais a se servirem, o policial comentou comigo se não era possível tirar uma foto com MV Bill, eu disse que sim e consultei o Bill, que indagou se não teria problema para o policial; ele, com a cabeça, confirmou que não. Então seguiu o baile.

O grandalhão largou o copo e o sanduíche que estava devorando, abriu a gandola e puxou uma máquina Kodak de doze poses (ele fez questão de salientar a quantidade de poses) e me pediu para registrar aquele momento.

Os outros dois PMs se olharam e meio que debocharam, com sorriso, do parceiro PM fanático de *rap*.

Durante as fotos, o grandalhão não parou de comentar as músicas do Bill, disse que conhecia os sons e que ia revelar estas fotos e mandar para o Bill. Mal sabia ele que àquela época a coisa não era tão simples assim, para o Bill sair numa foto tranquilamente ao lado de policiais.

Talvez até hoje ainda não seja tão simples, tendo em vista as diversas mágoas recíprocas existentes entre a corporação e as favelas do Rio e o estágio de guerra interna por que passa o Rio de Janeiro.

Acabou a merenda, os policiais se despediram, o grandalhão gastou as doze poses. Bill foi para o hotel, nós ficamos para a desprodução e, enquanto acompanhávamos a desmontagem e a limpeza da praça, me veio à mente que aquela câmera fotográfica, daquele tamanho, não era um equipamento usual da atividade policial, diferente de hoje, onde ilegalmente os policiais armazenam fotos de centenas de jovens em seus sofisticados *smartphones*.

Pela alegria do PM grandalhão, deu para notar que ele realizou um sonho, de estar ao lado do ídolo dele; com certeza, dificilmente os policiais que fazem a segurança dos eventos são chamados para lanchar com os artistas que protegem.

O convite, na verdade, foi a manifestação de um ato humano e civilizado, que ia na contramão da ideia de um policial sem vida, sem sentimento, sem vontade, sem humanidade, que não dialoga e que não se reconhece como parte de seu povo, e logo seu povo também não o reconhece como parte de si, produzindo uma relação indigesta, um misto de desconfiança e necessidade.

Refleti que, se eu tivesse alimentado o ciclo de mágoa e ódio que os policiais tiveram de mim e eu deles, não teria diálogo algum e aquele momento nunca teria existido; que se eu não me dispusesse a abrir a porta da invisibilidade, nunca ia superar o incidente e transformá-lo em encontro. Ia acumular ainda mais mágoas represadas que só iam gerar ainda mais distância, desconfiança e desprezo de parte a parte.

Ao convidá-lo, abri sem perceber a porta da invisibilidade, vi-o como parte do evento, convidei-o para sentar à mesma mesa e o tratei como igual; nessa hora, não éramos nem polícia, nem produtor, nem *rapper*, nem homens da segurança, éramos pessoas que tinham em comum cuidar para que a coletividade se divertisse com segurança e tranquilidade; isso nos unia e construía a ponte sob o abismo dos estigmas que habitam nossas mentes, resultados de uma relação truculenta e traumática de anos entre a juventude, em particular a negra, e os trabalhadores e operadores da segurança.

Quem sabe, os jovens que buscavam se afirmar embaixo do palco, através da violência, também não queriam entrar no camarim da vida social civilizada?

Resta saber se a sociedade vai desfazer seu preconceito e convidá-los para sentar e compartilhar o alimento melhor para a alma: perceber o outro como igual.

MANIFESTO DE UM EX-INVISÍVEL

Eu sempre ouvi que não era capaz, desde cedo; menino bom, mas cheio de monstros. Sentia-me feio, pobre e fraco. Sem saber quem eu era e nem para onde ir.

Nas festas, eu sempre ficava encostado na parede, observando como as meninas preferiam os caras mais arrumados, geralmente mais claros e com alguma grana e prestígio.

A cada dia que ouvia que não tinha comida e que íamos improvisar o açúcar com farinha para fazer o sono vir, eu odiava aquela vida. A miséria semeava o ódio, eu queria me vingar dela. Pior, tinha que odiar em silêncio. Nos territórios invisíveis, não existem espaços para extravasar nosso choro e tristeza.

Desde muito cedo, o que estava traçado para mim era o destino de no máximo ser pintor igual ao meu pai. Não que pintor não seja uma profissão digna, até porque desta profissão, meu pai conseguiu dar sustento a todos nós. Mas dentro de mim uma ânsia enorme me mobilizava a sempre querer mais.

Aos doze anos, as ruas começam seus encantos e a sedução da TV começa a forjar os desejos de consumo: o tênis massa, os pano da moda, as meninas mais lindas, o carro do momento, a mobilete que somente alguns tinham, e todos os símbolos que me ajudassem a atravessar a trilha do pântano da invisibilidade.

A invisibilidade é um local não existente fisicamente. Ela é um sistema de diminuição e dominação que controla as emoções, inibe sua ousadia e te faz menor que todos. Como você não se sente capaz, é impossível de você ter uma atitude proativa. Te imobiliza e aí, fisicamente, você some.

Você passa a ser excluído porque não tem grana para ir e vir para onde bem entenda; suas etiquetas não dialogam com as exigências estabelecidas, seu dialeto não faz parte do idioma oficial, você não consegue se comunicar com os códigos nem com as regras do ambiente público.

Ser ignorado é a pior coisa do mundo; impor a invisibilidade para alguém é violência pura, e essa violência é daquelas que quase sempre não conseguimos nos defender, porque, diferente da violência física, a gente não vê concretamente e logo não consegue criar mecanismos de proteção. É como escrever sem borracha ou nunca ter comido de garfo e faca e chegar num restaurante cheio de requintes de elegância, onde você tem que seguir um enredo que nunca foi ensinado. Esse é o rascunho espinhoso do mundo do homem branco do asfalto.

Eu saí para rua para desafiar esta lógica, contrariar essas regras e foi lá a primeira parada, onde tive a minha primeira empreitada como empreendedor, no estacionamento, lavando e pastorando carros.

A vida tentava o tempo inteiro legitimar uma situação injusta para mim como obra do destino traçado. Eu me negava a aceitar e me recusava a acreditar que a vida era só isso mesmo!

Na minha inocência, meu imaginário se rebelava. Eu acreditava que viria um herói para nos redimir e fazer a vida das pessoas que nem eu, um paraíso sem dor nem sofrimento.

A rua nos torna frios e maliciosos. Ela nos faz homens mais cedo e temos que aprender a ignorar a dor na ausência do amor, como armadura para se proteger, alimentar o rancor.

No fundo, queremos mesmo é reduzir a distância entre o sonho e a realidade, mas o jogo é bruto e precisamos de sorte, intuição e muita perseverança.

Eu fiz escolhas e tomei decisões difíceis; descobri rápido que ninguém vence sozinho, mas não quero que meu exemplo seja uma idealização de exceção à regra, porque o jogo é bruto e as regras, desiguais.

Quero que esta regra injusta e desigual se altere e não obrigue tantos adolescentes e jovens a passarem pelo que passei, pois muitos Zezés estão espalhados por aí, falta-lhes condições igualitárias de oportunidade.

Enquanto a regra não muda, temos que ter ambições de usufruir da riqueza que produzimos, de nos rebelarmos contra as regras injustas da vida e poder fazer dessa caminhada um aprendizado coletivo.

Eu furei o bloqueio, fui escolhido entre as trinta pessoas mais influentes do meu estado. Eu era o único preto a apresentar a pauta da favela no evento, onde sugeri aos senhores e senhoras que lá estavam, muitos herdeiros e outros pertencentes ao centro de poder da minha cidade, que fizessem uma reflexão; não ia ter saída para nossa sociedade sem as favelas ocuparem seus espaços; se não tiver paz para a favela, não vai ter paz para ninguém. Porque ou dividimos as riquezas que o trabalho coletivo produz, ou todos irão sucumbir na barbárie e desigualdade que a concentração de riqueza e oportunidades pode gerar. E aí, quando o ódio dominar geral, não vai sobrar ninguém.

Chegar onde eu cheguei foi um ato de sobrevivência. Muitos eu vi ficar pelo caminho e não puderam contar a própria história e isso não é justo nem é algo natural. Não se pode aceitar o absurdo como uma coisa comum.

Minha luta diária é poder inspirar você para fazer a sua caminhada, para ter estímulo no seu objetivo e construir uma vida melhor para você e para os seus.

Não deixe a vergonha, a soberba e a arrogância te consumirem. Por outro lado, seja ousado ao comemorar suas conquistas e, se não puder ser o bom o tempo inteiro, procure sempre ser justo.

As palavras provocam boas emoções, mas os exemplos arrastam e mudam o mundo.

Quanto mais a vida me desafia, mais firme e esperançoso eu a encaro; não sei viver sem desafios, se eles não existissem, eu os inventaria, se eu os supero, logo busco outros, é o meu oxigênio.

Sobrevivi às ruas de Fortaleza e fui até a ONU. Lamento o meu pai não ter alcançado esse tempo para poder se alegrar pela colaboração que ele deu para esse feito.

Não permitam que ideias negativas te ganhem, nem que façam do seu sofrimento justificativa, da sua tragédia palanque e da revolta munição; você é melhor que isso e pode mais.

Desde que fundaram esse país, somos testados a ir além, a sobreviver e viver, somos Ph.D. em resistir a crises, pós-doutores em sobreviver a golpes.

Somos paridos num ambiente onde Estado democrático de direito é um discurso bonito nos bancos da universidade; na vida real, reina o estado de direito a não ter direitos e assim tem sido. E nem por isso desistimos.

Estamos virando o jogo, devagar, mas tá virando; começamos a encontrar beleza e emoção onde muitos só veem tristeza e violência. Muitos de nós começamos a nos ver como belos, onde antes habitava a vergonha, e a ter orgulho de ostentar conquistas e vitórias.

Quando um de nós vence, muitos vencem juntos; por onde os meus pés pisam, nosso povo está. Saímos da cozinha e abrimos nossos restaurantes, não somos somente choferes, temos os nossos carros, ocupamos lado a lado os bancos das universidades; furar bloqueios é nossa sina, nossa vida é a própria militância.

Nós somos descendentes de reis e rainhas. Nós somos a maioria, somos nós o poder, não somos carentes, somos potentes. Olhe para o lado e confira: foram as mãos do nosso povo que costuraram as roupas mais lindas que desfilam e enfeitam as vitrines dos bairros ricos; são os talentos do nosso povo que fazem os pratos mais deliciosos; são os músculos da nossa gente que erguem os prédios mais lindos; as mãos da nossa gente que produzem o carro mais sofisticado.

Para onde você olhar não existe nada sem nós, e foi isso que acendeu a chama dentro de mim, o poder não está nas coisas, nas marcas, nos bens materiais, o poder está dentro de você e você tem que encontrar o seu; quando você achar, nada mais parecerá impossível.

Ao mudar minha vida, mudei muita coisa da minha quebrada, da minha família, dos amigos, de gente que eu nem conhecia. É a prova que nosso poder é tamanho que, à medida que eu mudo e melhoro minha vida, melhoro o meu entorno.

Guerreiro, guerreira, você é o operário responsável pelo seu futuro, mãos à obra. Vamos para cima e vamos com tudo!

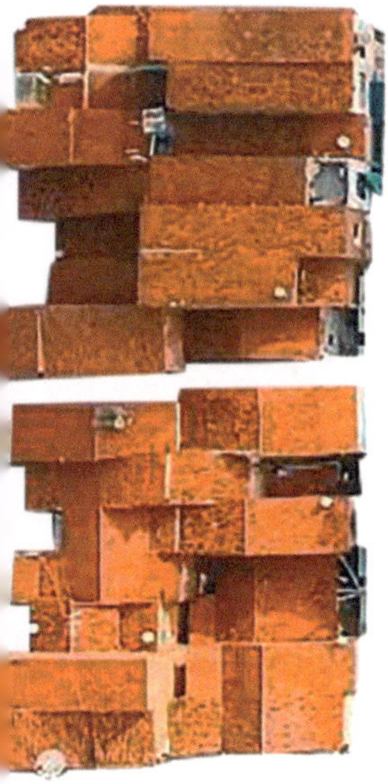
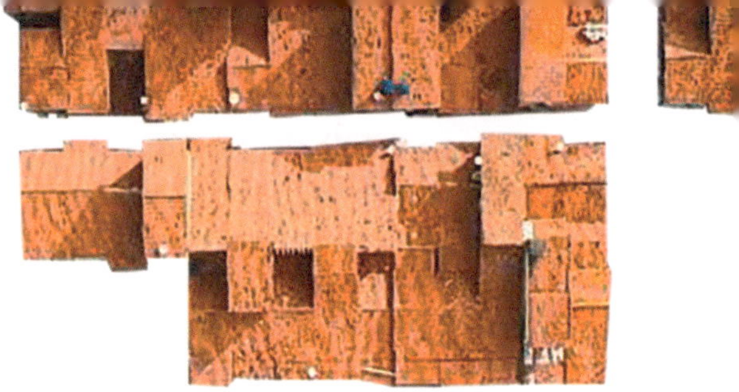
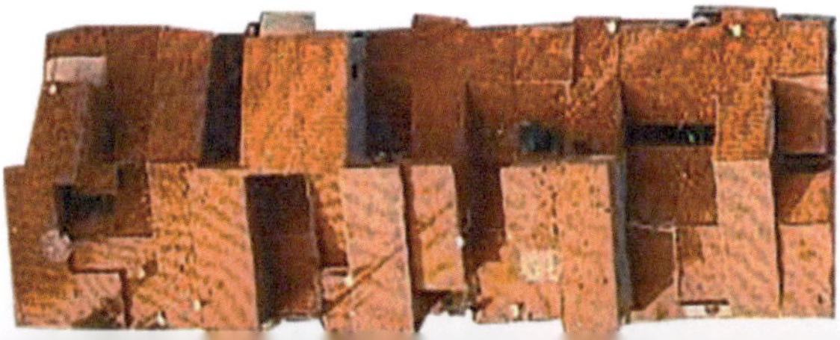
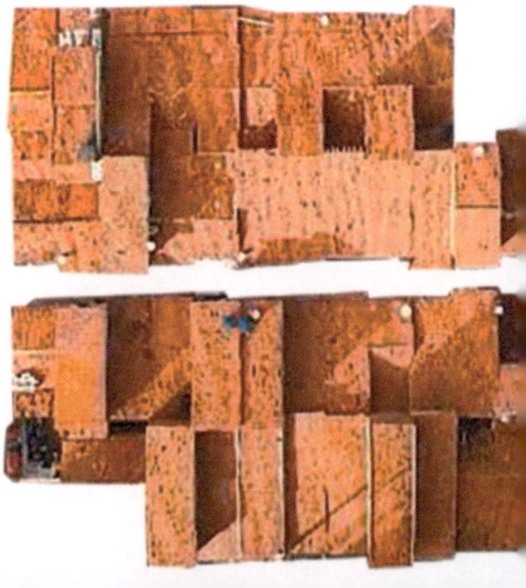

AGRADECIMENTOS

A todo o meu povo das Quadras, batalhadores de ontem, de hoje e do amanhã. Vocês são inspiração e motivo deste livro.

A todos os colaboradores que doaram seu tempo para reavivar memórias e vivências que compõem esta obra.

Agradecimento especial ao João Roberto, por meio de quem aproveito para agradecer a todas as gerações de lideranças comunitárias que fizeram, à sua maneira, a Quadra ser o que é hoje. João Roberto, líder comunitário, pessoa que nos ilumina com seu exemplo e jeito simples, que dedicou tempo e seu acervo de recordações das Quadras. Este livro é seu também. Obrigado pelos ensinamentos.

Aos entrevistados que puderam compor esse quebra-cabeça de boas lembranças e momentos especiais das nossas vidas; a W MAN, Del, Pequeno, Ligado, Karla, Davi, Flip, Gregório, Célia, Foca,

Normando e meus irmãos Bia, Fabrini, Eduardo Baré, Dani, Linda, Bogo, Jorge e Hélio e tantos outros que, direta ou indiretamente, fazem parte dessa trajetória e ajudaram a compor esse quebra-cabeça da vida.

A toda a equipe da Editora CeNE, em nome da jornalista Heliana Querino, pelo carinho, paciência e acolhimento.

Ao amigo Edmilson, líder do time da CeNE, minha gratidão, respeito e um carinho enorme por você. Orgulho de compartilhar a vida com quem se dedica a contar histórias de gente e acolhe de maneira tão especial quem inspira um mundo melhor. Valeu por acreditar, irmão.

Preto Zezé

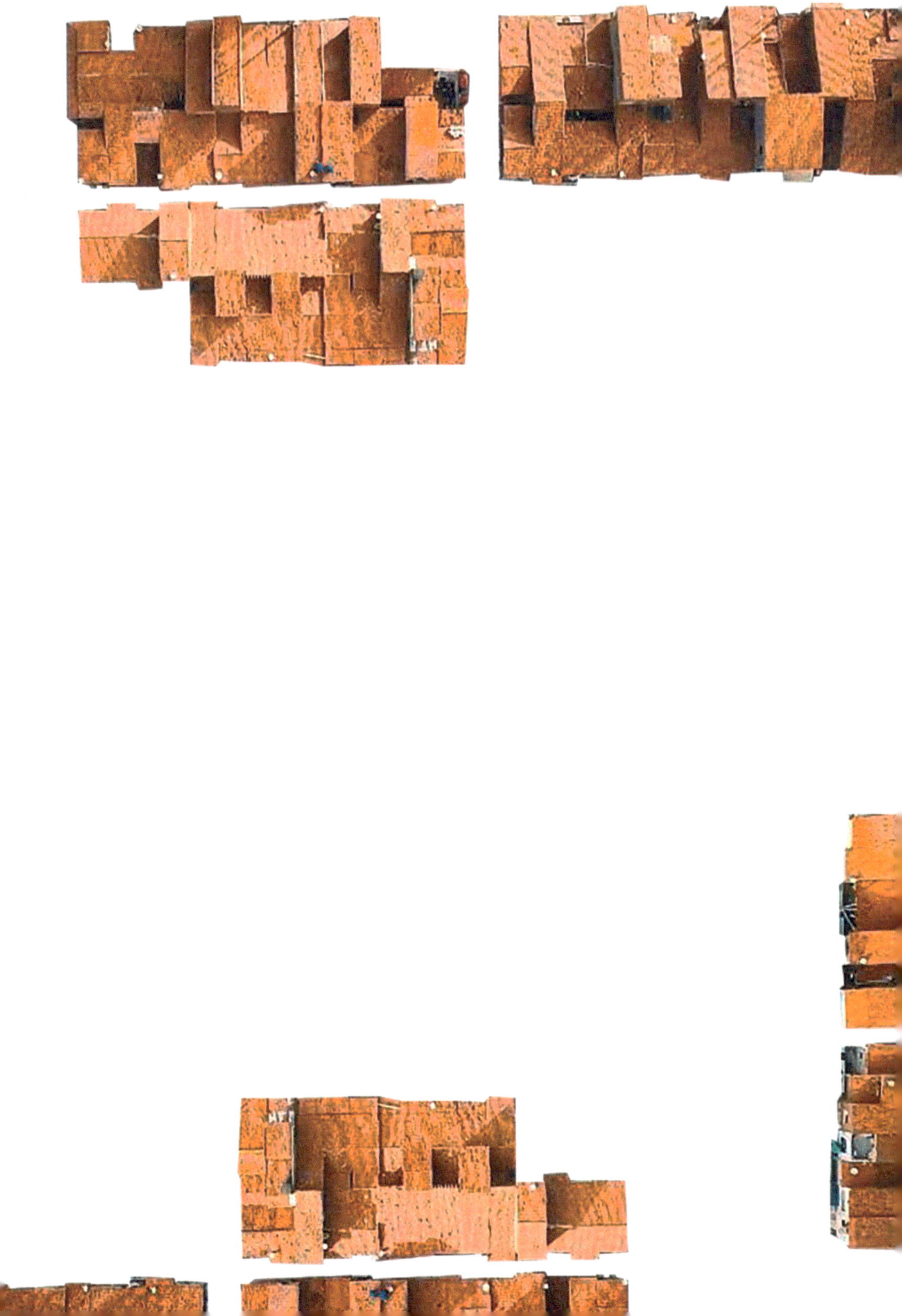

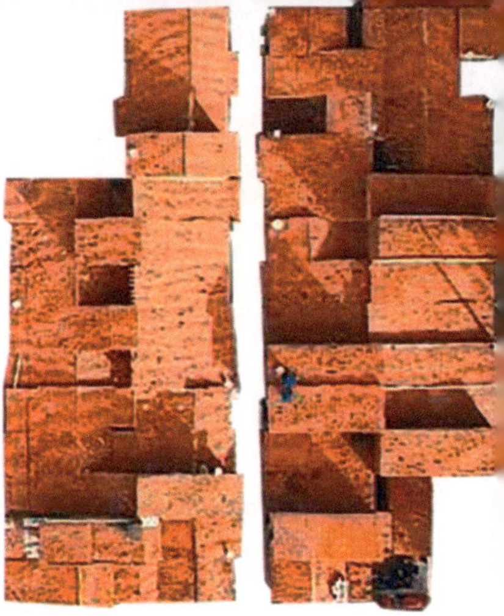

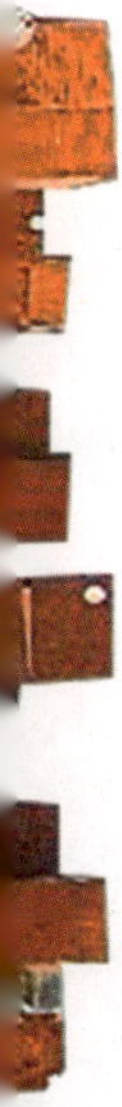

Este livro foi impresso em papel off-set 90g/m², capa em cartão duo designer 300g/m².
Produzido no mês de Maio de 2019, na Gráfica Santa Marta LTDA, Distrito Industrial, João Pessoa, Brasil.